LA CLAVE PARA UN CAMBIO PROFUNDO

GUIA DE ESTUDIO

Grupos Pequeños
Guía del Líder

Continuación de entrenamiento basado en el libro
La Clave para un Cambio Profundo:
Experientando una Transformación Espiritual
Enfrentando tus Asuntos Pendientes

Dr. Steve y Shirley Smith

ISBN: 978-1-941000-11-3

www.ChurchEquippers.com

Esta experiencia en grupo pequeño se basa en el libro,

La Clave Para un Cambio Profundo: Experientando una Transformación Espiritual Enfrentando tus Asuntos Pendientes

por el Dr. Steve Smith.

Esta disponible en ChurchEquippers.com/store

Tabla de Contenido

Direcciones para el Líder de Grupo Pequeño de "La Clave para un Cambio Profundo"

Por favor tenga en cuenta que: se espera que tanto usted como todos los demás participantes en este estudio haya leído el libro, "*La clave para un cambio profundo: logrando una verdadera transformación espiritual enfrentando tus Asuntos pendientes*" por el Dr. Steve Smith, o si ya ha asistido a un *Seminario de Asuntos pendientes* o han participado en una *Actualización*, del retiro "*Preparando el terreno*", con el fin de tener las bases necesarias para entender este proceso. Usted puede aprender más acerca de estos materiales en: **www.ChurchEquippers.com/espanol**

Gracias por estar dispuesto en ayudar a otros en su viaje de fe a través de facilitar este estudio de la Clave para un cambio profundo. Espero que esta experiencia también te ayudará en tu propio viaje a medida que guías a las personas a descubrir por qué están estancados y la forma de alcanzar salud espiritual a través de la intimidad con Dios.

La experiencia de la "Clave para un Cambio Profundo" no está diseñada para ser un estudio, sino un proceso. Los que participan en esta experiencia tienen la oportunidad de adquirir conocimientos en dos áreas esenciales. La primera es que aprendan a buscar una intimidad más profunda con Dios, que es el fundamento de su verdadera vida espiritual. La intimidad con Dios es el medio por el cual se obtiene la salud espiritual. La intimidad no es un objetivo que se logra apresuradamente, ni puede ganarse sólo por hacer las diez sesiones. Lo que estas sesiones ofrecen son las herramientas mediante las cuales pueden

venir delante de Dios honestamente y encontrar en Él en todo lo que es necesario para estar completo, el amor, la misericordia, la gracia y la santidad.

La segunda es que aprendan a vivir en comunidad verdaderamente con otros creyentes, aprender a confesar y ser sanado en lugar de ser guardianes de secretos. Las opciones de mantener los secretos del dolor del corazón y el pecado en mí, han contribuido a un daño continuo. El ser libres les conducirá a una vida de fe más completa y productiva, que a su vez les permitirá tener esperanza, justicia y sabiduría en el mundo en que viven.

Es importante que los grupos sean de hombres con hombres y mujeres con mujeres solamente (véa la Introducción). También es importante que el grupo sea de un tamaño interactivo, no más de ocho, si es posible, de modo que todos los participantes puedan hablar durante las sesiones. Si hay grupos más grandes entonces simplemente dividelos en grupos pequeños de 8 o menos. Los grupos grandes permiten que la gente se esconda y evitaran compartir cuando se enfrenten con verdades muy duras. Sea firme para decirle "No" a las personas que quieran participar después de haber llegado a un grupo de tamaño manejable.

Cada una de las diez sesiones contiene diferentes verdades fundamentales que están incluidas para abrir los ojos espirituales de los corazones de los participantes. Cada sesión se construye sobre las verdades de la anterior. Los participantes tienen la oportunidad de aplicar estas verdades en su relación con Dios.

Inicia cada sesión con una oración que apunte a esta realidad. Luego llévalos en forma interactiva a través de todas las preguntas de la sesión en la que se encuentran. Es importante terminar todo en la sesión si es posible, asi que programa al menos una hora y media para cada sesión.

Por supuesto, a veces la gente necesita hablar, confesar y procesarlo en voz alta. Hemos encontrado que hay momentos en que el líder tendrá que darle tiempo a la gente cuando comienzan a ser transparentes, lo cual puede significar que todas las preguntas para de la sesión no se trataran. Por causa de que esto es un proceso progresivo, enseñele a la gente que las verdades espirituales están construidas sobre lo que aprendieron en las sesiones anteriores, no saltes el material que no hayas terminado en esa sesión. Si tienes que regresar la semana siguiente y finalizar la sesión, házlo. No entres en la siguiente sesión ni añadas preguntas de la nueva sesión sin haber terminado la anterior.

Espere hasta que los participantes hayan terminado en la que están y hayan tenido tiempo para procesar lo que han aprendido, además de hacer las tareas al final de cada sesión. En otras palabras, deje que aprendan y practiquen cada nueva verdad tan completamente como puedan, antes de que se enfrenten con la siguiente verdad espiritual.

Es posible que haya participantes que ya tuvieron la experiencia de grupo de “La clave para un Cambio Profundo”. A veces la gente tiene la necesidad de volver a tratar estas verdades varias veces hasta que sientan que lo han entendido correctamente. Esto es normal para aquellos que nunca han oído hablar anteriormente de la verdad transformacional. Esto significará que tienes gente en la habitación que ya han tomado anteriormente los inventarios de “Las heridas del corazón” y de “Los pecados mortales”. No hay necesidad de pedirles que retomen esos dos inventarios como preparación para las sesiones correspondientes. En vez de eso, alietelos a pasar tiempo con Dios para renovar su comprensión de lo que fue revelado a través de estos inventarios, para que asi estén adecuadamente preparados para interactuar con el grupo.

Para dirigir este estudio eficazmente, necesitarás realizar cuatro prácticas que harán que esto trabaje. La primera es la transparencia, que es el resultado de experimentar la curación de Dios. Para tener credibilidad en tu liderazgo, debes hablar abiertamente acerca de tu propio camino, de cómo Dios te ha cambiado así como lo que Dios está haciendo en tu vida ahora mismo. La transparencia les dice a aquellos a quienes guiarás en este proceso, que no hay ninguna diferencia entre tú y ellos. También les ofrece la esperanza de que si Dios puede cambiar tu vida y librarte de todos los pecados mortales, que estaban entrelazados en ti, El puede darles libertad también ellos.

La segunda es enseñar sin sermonear. Hay un montón de preguntas de trabajo de reflexión en este estudio. Usted necesita evitar el llenarles los espacios de silencio, respondiendo a las preguntas que ellos deben contestar. Asegúrese de saber cuales son las respuestas, para indicarles la dirección correcta si se llegan a quedar trabados. Pero si intenta sermonearlos, con el tiempo matará al grupo o por lo menos disminuirá el aprendizaje que podrían haber adquirido.

La tercera es darles tiempo para que se auto-descubran. No todos van a avanzar al mismo ritmo ni entenderán las cosas al mismo nivel de lo que se está aprendiendo. Está bien que sea asi, en vez de tomar el papel del Espíritu Santo de llevarlos a la verdad. Algunas personas puede que necesiten pasar por el estudio varias veces antes de que reviertan las ideas falsas que aprendieron, para que puedan finalmente entender las verdades encontradas en este estudio.

La cuarta y última práctica es que siempre debes guiar a los participantes hacia Dios. Tu no puedes arreglar a nadie, por lo que tampoco asumes la responsabilidad de asesorar a la gente ni sentirte como un fracaso si tu mejor consejo sabio es ignorado por alguien en el grupo. Dios es quien sana y libera cuando una persona finalmente decide confiar en Él para asi darles bienestar.

Los tres inventarios descargables son esenciales para el proceso y no se pueden omitir. Tu tendrás que darte cuenta rápidamente que si algún participante no tiene acceso a internet o a una impresora para imprimir los inventarios personales incluidos en las sesiones 3, 4 y 5. Los inventarios deberán imprimirse antes de tiempo. También tendrá que proporcionar sobres de un tamaño de 3 5/8 x 6 1/2 in. para la sesión 9.

Lo que sigue es la guía para los participantes intercalada con los antecedentes y las direcciones para ti están en negrita y que te ayudarán a prepararte para dirigir este estudio semana a semana. Cada sesión se construye sobre un resultado esperado. A medida que guies cada sesión, trata de mantener a los participantes en la vía, de manera que este resultado se pueda lograr. Ya que muchos de los que asistirán tendrán problemas significativos y pueden tener una tendencia de enfocar la sesión hacia ellos mismos, a un tema diferente, a fin de abordar lo que piensan que se debe tratar. O puede que inconscientemente intenten secuestrar la sesión para que el grupo se centre en sus problemas personales. Usa el humor y la amabilidad para reafirmar la necesidad de mantener el objetivo, diciéndoles que el efecto acumulativo de las lecciones eventualmente tratará de sus necesidades.

Tres directrices finales: en primer lugar, si tienes a alguien en el grupo que quiere dominar la conversación, a través de las charlas de las sesiones y atraer siempre al grupo a su miseria personal, haz un tiempo para hablar con esta persona en privado. Pídale a la persona que practique el auto-control. Si esa persona sigue tratando de controlar el enfoque del grupo, esto es una indicación de una elección de orgullo. Puede ser necesario pedirle a esa persona que salga del grupo y busque asesoramiento privado con un consejero espiritual. No dude en elegir primero las necesidades del grupo antes que las de una persona en particular.

Segundo, puede haber personas en el grupo que creen que tienen las respuestas para los demás. Ellos pueden que tengan un entrenamiento en consejería o hayan estado bajo consejería el tiempo suficiente como para tener la tendencia de tratar de aconsejar a otros, aunque su propio itinerario de fe está en desorden. Pueden interponer sus opiniones de lo que otros están compartiendo acerca de su confusión, heridas u opciones del pecado en mí. Lo que estos "ascsores" están haciendo, conscientemente o no, es tratar de sentirse mejor creyendo que están ayudando a los demás. No les permita que continúen haciendo esto por la simple razón de que están conectando a la gente a su pequeño almacén de sabiduría en lugar de llevar a la gente a que busque a Dios. Llévelo a un lado y suavemente dígale que deben dejar de ser el consejero. Pero debes detenerlo porque sino a la persona a quien supuestamente está aconsejando se va a confundir en cómo alcanzar su bienestar.

Por último, hemos aprendido por experiencia que algunos van a abandonar en algún punto de los estudios. Ellos simplemente dejan de venir y no ofreceran ninguna explicación. Esto es porque han tomado la decisión de que no quieren llegar a estar bien. No te preocupes. *No te desanimes cuando la gente se va.* En algún momento en el futuro, Dios hará que ellos esten preparados. En este momento, déjalos ir. No intentes obligarlos a regresar. Alienta a los que quedan de llegar a ellos gentilmente, pero no para emitir juicio o decir palabras avergonzantes. El día vendrá cuando ellos quieran más lo que Dios quiere para ellos que seguir viviendo una vida dañada.

Bienvenido a la Experiencia del Grupo Pequeño de la Clave para un Cambio Profundo

Esta experiencia es para personas que han leído *La Clave de un Cambio Profundo*: *Experimentando la Transformación Espiritual Enfrentando tus Asuntos Pendientes* por el Dr. Steve Smith (disponible en www.ChurchEquippers.com/espanol), o han pasado por el *Seminario de Asuntos pendientes* o han participado en una actualización: *Retiro de Preparando el terreno*. Esta experiencia será menos útil si usted no tiene un conocimiento básico de la transformación a través de esos recursos. Usted puede averiguar más acerca de estos recursos en: **www.ChurchEquippers.com/espanol**

Habrán 10 sesiones semanales de 1½ horas de duración cada una. Para ser un participante, ya debe ser un cristiano y parte de la familia de la iglesia. Sin la presencia del Espíritu en su vida, usted no será capaz de captar y aprovechar los conceptos de esta experiencia.

Asimismo, para que esta experiencia sea lo más eficaz posible para usted, debería ser parte de un grupo de 8 o menos ya sea de hombres o de mujeres. Muchas de las lecciones piden una información personal que sería difícil compartir frente a personas del sexo opuesto y, probablemente, incluso ante su cónyuge.

Por lo tanto, necesita ser hombre con hombre o mujer con mujer. De lo contrario la experiencia será tan eficaz y el nivel de interacción será bastante superficial, aún en el mejor de los casos. La ventaja de esto es que los de su grupo se convertirán en su comunidad de fe durante toda la vida, las personas que van a estar con usted para estimularlo y restaurarlo asi como usted hará lo mismo por ellos mientras viajan junto con Dios.

Cada grupo será dirigido por un facilitador con experiencia que ya está en su propio camino de fe hacia la transformación.

Recuerde que esta persona aún no ha terminado el viaje y puede compartir sus propios asuntos pendientes durante esta experiencia. No se asombre y no piense que no se puede aprender algo de alguien que no es perfecto, porque simplemente no hay uno que es perfecto, excepto Jesús. Y El estará presente en la sala con usted mientras esta experiencia continúa.

El siguiente libro está lleno de preguntas que se harán. Ellas te ayudarán a ti, como participante, para estar preparado de abordar cualquier aspecto de tus asuntos pendientes que Dios te revele a través de esta experiencia. Asegúrate de escribir las respuestas a las preguntas e interacciones para tu uso, para que estés listo para compartir con los demás participantes. Asegúrate de traer una Biblia para que puedas buscar en las Escrituras cuando se junten, así podrás ver por tí mismo lo que Dios ha dicho, y lo que Él ha dicho tiene autoridad y significado para tu vida.

También es importante que hagas la tarea. Tu no vas a crecer a través de estas sesiones si descuidas esta parte del proceso. Cada tarea significa el prepararse para el próximo período de sesiones. Así que el no prepararse dice algo acerca de tu deseo de crecer y ser transformado.

Tu podrás oír a Dios hablándole a ustedes durante esta experiencia. Él te ama incondicionalmente y ya ha determinado conformarte a la semejanza de Jesús.

Pon atención y escúchalo a Él.

Paz!

Sesión 1: Se le ha Dado el Poder de Cambiar

Sesión 1 Resultados: El Participante entiende que estamos en un proceso con Dios que sin duda alguna, culminará en ser transformado a la semejanza de Jesús, que fue el humano perfecto.

Introducción: El testimonio del facilitador-historia personal del poder de Dios que transformó tu vida.

Comenzarás esta sesión compartiendo tu propio viaje personal. Esto no es compartir cada detalle impuro, sino darles esperanza a los que estás guiando en este proceso. Puede ser que nunca han oído hablar de cómo Dios ha liberado a alguien de un pecado adictivo y que realmente están experimentado crecimiento del fruto del Espíritu en su vida. Muestra el trabajo transformacional de Dios en tu propia vida lo más honestamente que puedas.

1. ¿Por qué estás aquí? Algunos de ustedes están aquí porque es lo que hay que hacer, pero también se cuestionan si necesitan esta interacción. Tu puedes creer que estás manejando tu vida con Dios y con los demás muy bien.

Asegúrate que todos te den una respuesta a esta pregunta.

2. Todas las personas que siguen a Jesús se atascan en algún lugar en algún momento en su camino de fe. La razón es porque todavía estamos afectados por lo que la Biblia llama "la carne." Busca los versículos siguientes para comprender lo que se entiende por carne: 1 Juan 2:15-17; Gálatas 5:19-21; Efesios 2:1-3.

Aunque naturalmente podemos comparar la vida en la carne en ser abiertamente malvado, la carne toma formas diferentes en la vida de la gente. A veces, la vida en la carne, parece bastante respetable. Veamos los cinco tipos de carne demostrada por las diferentes personas que tuvieron un encuentro con Jesús.

A. **Supremo**: religiosamente exitoso (Juan 3:1, 10: Nicodemo)

B. **Mejor**: materialmente exitoso (Lucas 19:1-4: Zaqueo)

C. **Estándar**: almacenar una variedad de marcas que podría ser una buena o mala elección (Lucas 5:8-10; Mateo 16: 15-16, 22-23: Peter)

D. **Utilidad**: vivir la vida llena de inmadurez, malas decisiones y perspectivas limitadas (Juan 4:1-20: La mujer Samaritana en el pozo)

E. **Desecho**: designado como inútil y descartado (Juan 8:1-5: la mujer sorprendida en adulterio)

- ¿Con cual de estas vida en la carne te identificas más directamente? ¿Por qué?

El objetivo de este ejercicio es que cada participante del grupo de una opinión de su propia identidad. Algunas personas van a revelar una alta opinión de sí mismos, otros una baja. Tu función aquí, es guiar a la gente en ver que el aspecto de la "carne" de una persona es la manera en que viven una vida buena apartados de Dios.

3. Lee la siguiente declaración y versos y responde a esta pregunta: ¿Por qué es la vida en la carne es tan destructiva para aquellos que la siguen?

La vida en la carne significa que estamos siguiendo los deseos que vienen de nuestro interior para tratar de satisfacer nuestras necesidades personales y hacernos sentir mejor y en control, fuera de Dios.

Las Escrituras que enfocan la respuesta: Gálatas 5:17-21; Romanos 1:28-32; 1 Corintios 6:18-20. Nota la progresión de estos versículos. Enfatize que el que no es Cristiano no lucha contra la carne. Es natural para ellos vivir en la carne porque no la perciben. Les falta la habitacion del Espiritu en ellos. Esto no significa que no tengan ninguna moral. Puede que sean muy morales y vivr vidas decentes. De todas maneras la moralidad no es lo mismo que una vida en el Espiritu.

4. ¿Cuál de las siguientes afirmaciones es verdadera para ti?

- Yo continuamente hablo o pienso sobre el mismo tema y se que estoy atascado.

- Yo tengo o soy consciente de áreas insalubres de mi carácter que no coinciden con el carácter de Jesús tal como se revela en la Biblia.

- Yo constantemente me voy a los extremos en alguna área de mi vida.

- Yo tengo la tendencia de alardear acerca de mí mismo cuando estoy con otros.

- Yo tengo un matrimonio tenso.
- Yo tengo problemas financieros constantes.
- Yo de alguna manera siento miedo frecuentemente.
- Yo me siento agotado y fundido.
- Yo estoy en medio de una crisis personal.
- Algunas personas me han concientizado de que hago comentarios despectivos o degradantes de mí mismo o de otros.
- Algunas personas me han concientizado de que hago declaraciones escandalosas o irracionales.

Estas declaraciones son indicadores de que el participante tiene un problema transformacional no identificado y que Dios está llamandole la atención. Esta no es una lista exhaustiva, sino que abarca muchos de las señales. Explícale a los participantes que están aquí para averiguar el porqué estas afirmaciones son verdaderas y para qué Dios los está utilizando. Haz referencia a Romanos 8:28 y diles que Dios está obrando en todas las áreas de sus vidas para ajustarlas a la semejanza de Jesús.

5. Repasa la gráfica del corazón

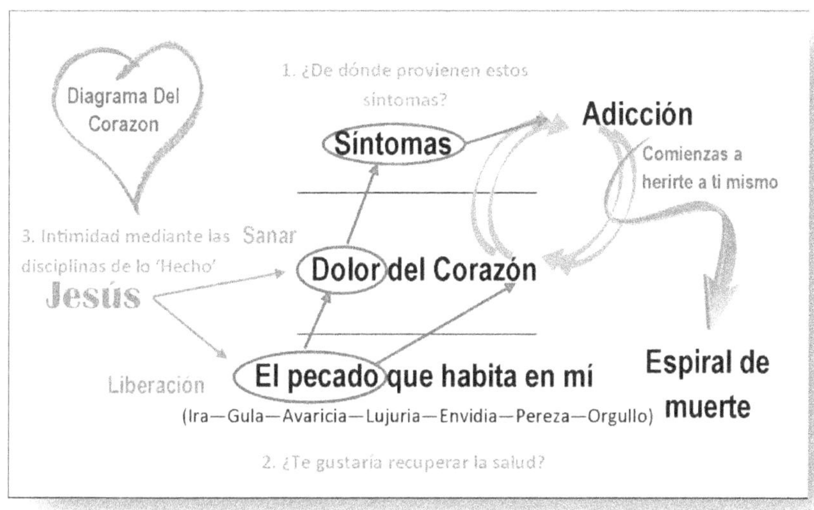

Espero que todos hayan visto esta gráfica en un seminario de asuntos pendientes o en línea en www.ChurchEquippers.com/espanol. Es importante repasar la gráfica completa de nuevo. La gente rara vez entienden nuevas ideas la primera vez y la mayoría nunca han oído hablar de este asunto anteriormente.

6. ¿Qué entiendes de la relación que hay de estar heridos y el tomar decisiones?

La relación es que no es culpa nuestra que estemos heridos. Este es el resultado de vivir en un mundo lleno de personas afectadas por la caída, incluyendonos a nosotros mismos. Pero tomamos decisiones y elegimos cómo vamos a tratar el dolor de nuestras heridas. Este punto se convertirá en la "línea" que cada participante tendrá que cruzar para mejorar.

7. ¿Qué has aprendido acerca de este gráfico hasta ahora?

Anima a cada participante a contestar. No hagas ningun juicio.

8. Lee esta declaración y responde a la siguiente pregunta: ¿En qué maneras has camuflado las partes dañadas de tu vida?

Actualmente puedes tener un montón de problemas que te abruman. Puedes sentirte derrotado por la forma en que vives. Puede que estés utilizando el camuflaje para no permitir que las personas vean estas áreas de tu vida. (La religión es un ejemplo, pero otro ejemplo sería actuar extrovertidamente en los ámbitos sociales o por el contrario—ser muy privado. O ser indispensable y práctico para que nadie haga preguntas. O ser el que controla a las personas y la información. O poner una cara feliz. Las cortinas de humo tienen muchas formas.) Pero tu sabes que los problemas ocultos salen a la luz. Y si nadie más sabe, tu familia lo sabe. Además, tu te ves a ti mismo desde atrás del escenario. Tu sabes la verdad.

9. ¿Quién está dudando si está estancado espiritualmente y dónde en su viaje de fe? Busca el Salmo 139:23-24 y responde a la siguiente pregunta: Si quiero estar en camino a la plenitud y la madurez, ¿estoy dispuesto a pedirle a Dios que escudriñe implacablemente mi alma para descubrir lo que Él quiere transformar en mí?

Asegureles que si no pueden confiar en Dios en este punto de su recorrido, la confianza vendrá mientras profundizan la intimidad con Dios.

10. ¿Crees que Romanos 8:29 es la aplicación práctica del Evangelio en tu vida? Si fueras a ser conformado a la semejanza de Jesús, ¿Cuán diferente serías por dentro y por fuera de lo que eres ahora?

Hablen de lo que Pablo dice acerca de que Jesús es el foco de nuestra transformación. Jesús es el último Adán, lo cual significa que Él es Adán como Adán tendría que haber sido. En otras palabras, Jesús es plenamente humano asi como nosotros fuimos creados para ser. El propósito de Dios es conformarnos a Jesús para asi ser restaurados a la intimidad con El.

11. En cuanto a nuestra oportunidad de vivir una vida nueva, la diferencia entre aquellos que viven una vida reformada a los que viven una vida transformada, simplemente es la fuente de su fuerza para vivir esa vida.

    REFORMACIÓN = la verdad de Dios vivida en mi propia fuerza.

    TRANSFORMACIÓN = la verdad de Dios vivida a través de Su fuerza—lo cual es la idea bíblica "de la gracia".

    Como grupo, hablen de cuán diferente sería vivir la vida de creyente por la transformación en vez de la reformación.

Es difícil entender esto la primera vez. La mayoría de las personas han vivido su fe en su propia fuerza desde el comienzo. Ellos no van a entender automáticamente el poder de la gracia. Esto es particularmente importante porque la razón que uno se estanca en su viaje de fe es porque no sabe

cómo permitir que Dios arregle lo que uno no puede arreglar por sí mismo. De hecho, se auto-protege y probablemente ni siquiera ha reconocido que está estancado.

12. ¿Tienes dificultad en creer que Dios quiere cambiarte a ti personalmente? Si es así, ¿por qué? Si no es así, ¿por qué estás atascado en el proceso?

No es necesario que cada uno responda. Anima a los participantes diciéndoles que uno de los objetivos de este proceso es aumentar su confianza en Dios para poder ser sanados y transformados.

13. *Lea y analice la siguiente declaración. ¿Cómo es esta verdad diferente a lo que has oído antes?*

'Mi gracia es suficiente para ti porque mi poder se perfecciona en la debilidad' (2 Corintios 12:9-10). Lo que Pablo dice es que Dios quiere mostrar su fuerza cuando estamos listos para reconocer nuestra debilidad. Este es el punto: La madurez está en descubrir lo débil que soy, en todas esas áreas donde siento que estoy fallando, donde estoy dependiendo de la carne para satisfacer mis necesidades, Dios no me llama a ser más fuerte para no tomar esas malas decisiones nuevamente.

Él me llama a una relación íntima donde dependo de Él para hacer todo eso por mí. Esa es la buena noticia. No se trata de esforzarme más o de simplemente cambiar mi mente. Me voy a mejorar al creerle a Dios y al confiar que en su poder Él se ocupará de estas cosas por mí.

¿Cómo voy a dejar mis síntomas? ¿Crujiendo los dientes y haciendo fuerza para dejarlos? ¿Enfocandome en el problema? ¡No! Voy a dejar de hacerlo, admitiendo que no puedo dejar de hacerlo, y centrándome en Jesús y dependiendo en Su poder para cambiarme de dentro y dejar que haga esas cosas por mí. Pregúntate, "¿Cuáles son mis expectativas para este curso? ¿Por qué estoy aquí? ¿Quiero sacar alguna cosa de esto? ¿Realmente espero un cambio?"

Mientras que muchos métodos enseñan que la madurez es llegar a ser fuerte espiritualmente, la verdadera madurez es aumentar nuestra conciencia de que uno es débil y depender más profundamente en la fuerza de Dios para hacer lo que no puedes hacer por tí mismo.

14. Examinen las implicaciones de esta ilustración.

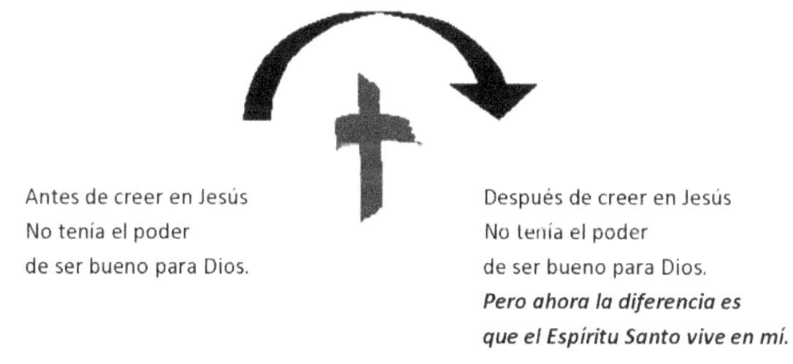

- ¿Te hace sentir esperanzado o desanimado?

Hágales saber que esto siempre es verdad. Nadie es capaz de ser bueno para Dios. Es sólo la presencia y la obra del Espíritu que capacita nuestra bondad. Esto es directamente lo opuesto de someterse exteriormente a la obediencia.

Al final de esta sesión: Juntese con otra persona para orar. Comparte algo de tu viaje personal que necesita oración. A continuación, orar por la otra persona.

Nunca se salte esta actividad de cierre. Orar por los demás está ayudando a que empiecen a construir la comunidad.

Tarea: La próxima semana estaremos estudiando la forma en que nos metimos en nuestro lío. Para prepararte para esta lección, por favor, haz una lista privada de todas las personas con quien tienes una relación quebrada o tensa, incluyendo a Dios. Pregúntale a Dios por qué esas relaciones fueron tensas o se rompieron.

El punto de esta parte de la tarea es ayudarles a empezar a ver donde tienen el dolor del corazón. Las relaciones quebradas siempre son señales de heridas.

Lee Romanos 5:9-10. Pasa 15 minutos esta semana pensando en cómo llegaste a confiar en Jesús para tu salvación. ¿Qué cambios has tenido en tu vida que son importantes para ti? ¿Cuánto más quieres que Dios te cambie?

Esta parte de la tarea es para lograr que los participantes se acostumbren a meditar en la palabra de Dios, preparandolos para que luego puedan estar con Dios en descanso.

Sesión 2: Porque Luchamos Con Nuestro Lío

Sesión 2 Resultados: Los participantes entienden que están envueltos en ser restaurados a lo que los humanos fueron creados en el jardín y deben deliberadamente reconocer y creer (actuar en base a) la verdad aun cuando sus emociones le mienten.

1. Revisión de la tarea. ¿Que te revela tu lista de relaciones quebradas o tensas en cuanto a dónde te encuentras?

Si son honestos, aquellos que comparten, reconocerán que tienen una gran cantidad de asuntos pendientes.

2. Si estás dispuesto, comparte sobre una de tus relaciones tensas/quebradas. ¿De qué manera has estado culpando a la otra persona por la quiebra de esa relación? ¿En qué parte te haces responsable de esa relación tensa o quebrada?

Debido a que esta es la primera revelación personal que se le pide a los participantes, no asumas que todos van a responder. Cada uno debe ganar confianza en el grupo y contigo para llegar a ser transparente. Puede ser que algunos nunca lleguen a compartir en las sesiones. Conformate con eso.

3. Lee la historia del Jardín de Génesis 3:1-19. ¿De qué manera están tus relaciones quebradas o tensas comparándolas con la historia del jardín?

La historia del jardín gira en torno al hecho de que Adán y Eva se rebelaron contra la orden de Dios de "no comer del árbol del conocimiento del bien y del mal." Satanás tentó a

Eva con que si comía del árbol, no necesitaría a Dios porque podría tomar decisiones correctas para su propia vida. Y de esa manera siguen pensando las personas hoy dia. Y aunque al comer del árbol, Adán y Eva obtuvieron el conocimiento que buscaban, al instante se levantaron barreras entre ellos (vieron que estaban desnudos y se avergonzaron, por lo que cosieron hojas de higuera para cubrirse). No se trata de la desnudez física, sino de la incapacidad humana para ser totalmente abierto el uno con el otro, ocultandonos los secretos el uno del otro, incluso entre los amigos más allegados. Nada se puede hacer para reparar este daño hecho a nuestras almas, a no ser someternos a la restauración de Dios.

4. Lee el siguiente pasaje y contesta las preguntas: ¿Cuánto de tu vida está envuelta en guardar secretos?

Antes, no existían barreras entre ellos, pero a partir de ese momento, siempre sintieron la necesidad de cubrirse y de ocultarse. La vergüenza se convirtió en el lema de todas las relaciones.Yo no sé si a ti te ha ocurrido, pero de todos los amigos que he tenido, nunca, ni en mis relaciones más cercanas, he experimentado un momento en el que alguno no estuviera escondiendo algo del otro, en el que no podíamos revelar todo lo que queríamos. ¿Por qué es tan importante este tema? Porque fuimos creados por un ser único cuya esencia es el amor. El Pecado nos robó la capacidad para recibir amor de Él y dárselo a otro.

Que alguna persona nos conozca sin reservación es un deseo humano básico. Y no solo que nos conozca, sino que nos ame incondicionalmente, sin importar cual sea nuestra verdad. Gran parte de nuestras vidas gira alrededor de este deseo, buscamos el amor, aunque no seamos conscientes de esta búsqueda. O nos causa desesperación, porque quizá hayamos descubierto que casi siempre el amor es condicional; la gente nos amará si mantenemos oculta toda la verdad sobre nosotros mismos; no podemos ser transparentes porque eso hará que seamos rechazados, o nuestra verdad puede ser peligrosa porque podría darle a alguien poder sobre nosotros. Algunos hemos tenido que aprender esto de la manera difícil, otros lo saben por instinto.

- ¿Por qué crees que esto es o no es así?

- ¿Has culpado a la otra persona por lo que está mal en tu vida?

- Lee Proverbios 4:18-19 y Marcos 4:22 y aplicalos a esta pregunta: ¿Cuál es el plan de Dios para aquellos que le pertenecen, en relación con el guardar secretos y contar secretos?

Usa el mismo criterio de la pregunta 2. Sin embargo, presionalos para que empiecen a pensar en renunciar a guardar secretos. Los dos pasajes (Proverbios 4:18-19 y Marcos 4:22) muestran que el pueblo de Dios está diseñado para vivir en la luz, no para ocultar secretos, al igual que aquellos que no son parte, eligen vivir en la oscuridad, que es un camino a la destrucción.

5. ¿Hay áreas en tu vida donde el hacer lo que prefieres, como desafiar, no perdonar, hacer tu propio camino, etc., causó más daño a tus relaciones tensas /quebradas?

Esta pregunta y la pregunta #6 son muy personales. Toma el tiempo necesario para dejar que respondan, pero no presiones a que todos den una respuesta. El objetivo de estas preguntas es darles esperanza de que no tienen que continuar la vida con estas relaciones quebradas. Dios los puede sanar.

6. ¿Crees que estas relaciones tensas o quebradas se quedarán así por el resto de tu vida? Si no, ¿Que necesita sanar en ti para cambiar las relaciones tensas o quebradas que tienes actualmente?

7. ¿Por qué crees que actuamos de la manera que lo hacemos?

Este es el punto en el que querrás hablar sobre la depravación. La depravación es el resultado de la caída, fue donde se determinó que haríamos lo que nos gusta sin tener en cuenta el derecho de Dios de reinar sobre nosotros. Tomamos decisiones que creemos son adecuadas para nosotros porque ahora poseemos el conocimiento del bien y el mal, heredado de nuestros primeros padres que comieron del árbol en el jardín. Como no poseemos la infinita comprensión de Dios en cuanto a los resultados de nuestras preferencias, no percibimos el daño que pueden traer esas opciones, tanto a nosotros como las personas que nos rodean. Y si perdemos nuestra base moral, cual sea, podemos llegar a ser una máquina humana de destrucción sin conciencia.

8. Un panorama del impacto de la caída en Génesis 3. Según 1 Tesalonicenses 5:23, el ser humano tiene tres aspectos de su ser—cuerpo, alma y espíritu. Tenemos un cuerpo formado del polvo de la tierra en la que Dios sopló espíritu para que

convertirnos en almas vivientes (Génesis 2:7). Cada aspecto se refiere a un reino diferente de la creación, como se ve en el siguiente gráfico. Analicen las implicaciones de la caída y de cómo una persona sin Dios vivirá su vida.

Asegúrate de entender esto y el gráfico en la pregunta #9. Los humanos no tienen tres partes, más bien tienen tres aspectos que les permiten relacionarse de diferentes maneras con el mundo físico, lo espiritual y la humanidad. Bíblicamente, el hecho de ser humano significa que somos un ser completo, singular, que no puede reducirse en partes, como si estas partes existieran separadas entre sí. Este gráfico se refiere a cómo somos sin haber sido regenerados. El siguiente gráfico muestra cómo cada etapa de la salvación—justificación, la santificación, glorificación-aborda un aspecto diferente de nuestro ser.

9. Observa el siguiente gráfico. Responde a las siguientes preguntas al respecto:

    - ¿Dónde estás tú como hijo/a de Dios en el proceso de la salvación?

    - ¿Qué nos revela acerca de por qué gente como tu que conoce a Dios continúa luchando en tomar decisiones dañinas y hacer caso omiso a la obra del Espíritu en su vida?

La manifestación exterior de la salvación tiene un impacto en cada parte de nosotros como seres humanos. Volveremos a esta verdad en la sesión 9, pero por ahora, es importante saber por qué los creyentes luchan y toman decisiones dañinas. Es

porque están en un viaje de fe que se inició cuando a tu espíritu le fue dado vida, pero todavía no está completo. Ni lo será hasta que estén en la presencia de Dios, por lo que necesitan aceptar que son amados y perdonados, aun cuando se sientan quebrantados y pecaminosos.

10. Lee Romanos 6:3-9. La resurrección revierte en nosotros el impacto de la caída, restaurandonos de la muerte para ser lo que Dios nos creó a ser.

    - ¿Cómo serás cuando este proceso se completa en ti?
    - ¿Cómo serás diferente? ¿Como seras Igual?
    - ¿Cómo te afecta en la forma que vives tu vida y en tus relaciones?

Esta es la primera de una serie de preguntas extraídas de Romanos 6-8. Gran parte de la fundación de estas lecciones se basa en las enseñanzas de estos tres capítulos. En la tercera sesión vas a enseñar lo que implica este pasaje con más detalle. El pasaje en sí es acerca de cómo recibimos la vida resucitada como resultado de estar 'en Cristo', que es a lo que Pablo se refiere al decir que hemos pasado de ser un descendiente de Adán para ser un descendiente de Jesús. En otras palabras, somos ahora parte de una nueva familia. La idea de la palabra 'en' se relaciona con la idea de que una persona está 'en los lomos de' su ancestro. Pablo adopta este lenguaje para explicar nuestro cambio de la muerte a la vida por medio de estar en Jesús cuando murió y resucitó.

11. Si Dios te pidiera, ¿cuál sería la última cosa que sinceramente no renunciarías en tu vida, ya sea una relación, una posesión preciada, una búsqueda, una manera de pensar, una posición, etc.?

    - ¿Por qué sería difícil entregar eso?
    - Evalúa cómo esto se relaciona con que Dios reina sobre ti.

Esta es una pregunta difícil, por tanto no te precipites.

12. Lee la siguiente verdad y responde a esta pregunta: ¿Qué es lo que causa que reacciones emocionalmente, o si no es emocionalmente, racionalmente, con la afirmación de que Dios te ama?

Esta es la verdad sobre el amor. Como ser humano, tu deseo más profundo es ser amado. Por esta razón estas explorando esta travesía. Lo que buscas en la vida es a Dios. No solo porque Dios es amoroso, sino porque Dios es Amor. Su ser define el amor, de modo que todos Sus actos hacia ti están arraigados en el amor. Tus necesidades te guían hacia Dios, no a alejarte de Él. Aquello que crea división entre tú y Dios no son las consecuencias de tus decisiones, sino: ¿Quién se va a encargar de satisfacer sus necesidades?

Nuevamente, esta es una pregunta difícil, así que no te precipites. Lo que esperamos que salga a la superficie es que muchas personas ven a Dios a través del lente de sus padres u otras figuras de autoridad. Le ponen un rostro humano al "Padre" y le atribuyen a esa imagen todas las cosas difíciles que han experimentado de sus padres humanos.

13. Lee Romanos 12:1-2. Las mentiras que tú crees acerca de ti mismo y de otros revelan que Satanás ha llegado a ti a través de tu mente. Tú puedes repetirte estas mentiras todos los días. La renovación de la mente involucra arrancar las mentiras del enemigo con la verdad de quién Dios es y tu relación con El. Tú cooperas con el Espíritu Santo en este proceso:

- Reconocer y nombrar la mentira.
- Reemplazandolo con la verdad de Dios, incluso cuando tus emociones lo rechacen. La verdad viene cuando el Espíritu hace que la revelación acerca de Dios sea clara para ti.
- Vivir la verdad por el poder del Espíritu Santo.

Converse de cómo este proceso podría cambiar la manera que te ves a ti mismo y a la gente con quien tienes una relación tensa/ rota.

La mentira es el idioma de Satanás, así que cuando nos repiten mentiras y actuamos en base a ellas como si fueran verdades, estamos en el proceso de ser asesinados por sus mentiras. El asunto más importante en los pasos del proceso es vivir la verdad por el poder del Espíritu. Los participantes lo encontrarán difícil porque no han practicado el vivir la verdad con un poder fuera de sí mismos. Adviértales que sus mentes desearan *afirmar las mentiras* porque Satanás les está mintiendo a través de sus emociones dañadas. La presión emocional, para volver a vivir la mentira será demasiado fuerte para resistir con su fuerza diminutiva. Tendrán que invocar a Dios para que haga por ellos lo que ellos no pueden hacer por sí mismos.

Al final de esta sesión: Juntese con otra persona para orar. Comparte algo de tu viaje personal que necesita oración. A continuación, orar por la otra persona.

Nunca se salte esta actividad de cierre. Orar por los demás está ayudando a que empiecen a construir la comunidad.

Tarea: la próxima semana estaremos estudiando nuestra verdadera identidad como hijos e hijas de Dios. Como preparación, por favor lea Colosenses 1-3, buscando los pasajes donde dice que están "en Cristo" o "con Cristo." Estas dos frases son las formas clave que usa Pablo cuando habla de nuestra verdadera identidad. Mientras identificas cada frase, escribe la verdad que descubres usando la siguiente frase:

En Cristo yo soy/ tengo ___________________________

Ejemplos:

1:5 tengo esperanza guardada para mí en el cielo en Cristo Jesús.

1:11 Estoy fortalecido con todo poder de acuerdo con su gloriosa potencia en Cristo Jesús.

El objetivo de esta tarea es comenzar a poner la verdad de Dios referente a ellos mismos en sus mentes. Lo que son/tienen en Cristo es de suma importancia que lo sepan si es que no lo saben. De lo contrario, no tienen la verdad en ellos para reconocer cuando Satanás les está mintiendo a través de sus emociones dañadas.

Lee el Salmo 46. Pasa 15 minutos esta semana procesando lo que piensas acerca de Dios cuando tú piensas acerca de Dios, especialmente en los momentos confusos y dolorosos de tu vida. ¿Cómo ha cambiado tu fe en Él?

Esta parte de la tarea es para lograr que los participantes se acostumbren a meditar en la palabra de Dios, preparandolos para que luego puedan estar con Dios y descansar.

Sesión 3: Identidad en Cristo-¿Quien Soy?

Sesión 3 Resultados: El participante será guiado a afirmar su verdadera identidad como hijo de Dios y se le mostrará cómo esto se revela a través de lo que son o lo que tienen en Cristo.

1. Lee la siguiente declaración y responde a estas preguntas: ¿Por qué la gente tiene miedo de revelar sus luchas internas? ¿Cómo es que este tipo de secreto afecta su viaje hacia la integridad?

Proverbios 27:19 (NVI) "En el agua se refleja el rostro, y en el corazón se refleja la persona." Hay cosas que suceden dentro de ti, algunas de las cuales ni siquiera lo admites a ti mismo,— y mucho menos a otra persona—y no se puede comparar de cómo te presentas exteriormente a los demás.

Recuerde que esto, una vez más, es una pregunta muy personal, por tanto deja que la gente decida cuánto quieren revelar. Sin embargo, diles que el secreto le da poder a las mentiras que vienen a través de las emociones dañadas. Decir la verdad y ser transparente te libera de estas mentiras.

2. El círculo de transformación ilustra el viaje a la integridad.

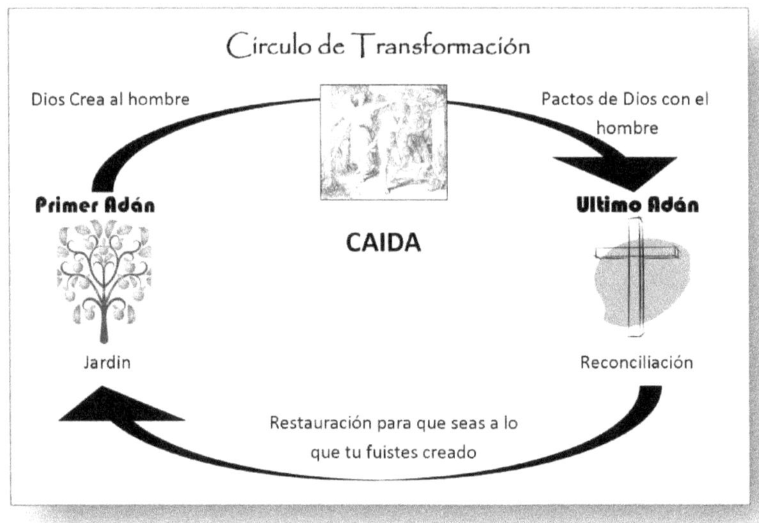

- ¿Que caracteriza al Primer Adán en su ser y en su relación con Dios, según Génesis 2:7-25?

- Leer Romanos 5:12, 15-19. ¿En qué manera los seres humanos fueron impactados por las elecciones tomadas por el Primer Adán? ¿Cómo ha cambiado el Segundo Adán la condición de vida para aquellos que creen?

- ¿Cómo se relaciona Jesús, siendo el Segundo Adán con lo que Pablo dice en Romanos 8:29?

Podemos observar varias cosas con estas preguntas.

- **El primer Adán tenía completa intimidad con Dios.**

- **Jesús, fue el único hombre que ha vivido sobre la tierra y nunca pecó (es decir, nunca quebrantó la ley de Dios, de ninguna forma, sino que la cumplió totalmente), pudo ser el sacrificio por todos los pecado, porque él fue el único que no mereció la muerte. La muerte que nosotros merecemos fue legalmente pagada por su muerte inmerecida. Por la fe recibimos la vida a cambio de la muerte. A través de Él, los seres humanos pueden ser reconciliados y restaurados para tener intimidad con Dios.**

- **En Romanos 8:29, Pablo no sugiere que seremos conformados a Jesús como el Hijo de Dios, sino a Jesús como el Segundo Adán, plenamente humano e íntimo con Dios, asi como fuimos creados a ser.**

3. Revise los deberes. La historia del jardín nos revela que somos descendientes de Adán. La historia del evangelio nos dice que ahora somos hijos de Dios. Pablo usa la frase "en Cristo" muchas veces en sus escritos para expresar esta verdad. ¿Entonces quien tu eres "en Cristo"?

La lista completa de lo que Colosenses revela sobre lo que soy o lo que tengo "en Cristo" se encuentra en el apéndice A.

4. Lean Efesios 1-3 juntos. ¿Qué puedes encontrar de ti mismo en estos versículos acerca de la verdad de estar "en Cristo"? A medida que lean esto juntos, una vez más, complete la siguiente declaración: "Con Cristo soy/tengo ____________." Cuando termine, hablen sobre cómo esto se relaciona con Dios conformandote a la semejanza de Jesús.

Lo mejor es que tu leas este pasaje completamente antes de dar esta clase de manera que ya conozcas todas las verdades que San Pablo alude acerca de lo que soy/tengo en Cristo. Esta es la parte principal de esta lección, así que dales tiempo para que ellos descubran todo lo que hay que encontrar. La lista completa está en el apéndice B.

5. Cualquier cosa que veas quebrantada y pecaminosa dentro de ti ese no es quien tu realmente eres, aunque también puede ser que sea lo que lo estás viviendo en este momento. Lee la siguiente declaración y hablen sobre sus implicaciones en su viaje personal.

Cuando Dios entra en mi corazón el viejo yo se va y todo lo que queda es el nuevo yo. 2 Corintios 5:17 "de modo que si alguno está en Cristo, nueva criatura es." ¿Qué es una creación? Eso significa que algo ha sido formado que antes no existían. Algo se hizo de la nada. Dios hizo esto en ti y en mí. En otra lección hablamos sobre los tres aspectos del ser humano (cuerpo, alma y espíritu). El punto de vista Hebreo de la humanidad no es que tenemos tres partes-no hay tal cosa como un alma separada de un cuerpo existente. Somos alma, somos espíritu, y somos cuerpo. Y si alguno de estos elementos se ha ido, esa persona ya no existe en esta realidad. No hay almas sueltas flotando alrededor de nuestro mundo. Cuando estábamos muertos en nuestros pecados (por haber nacido en este mundo), estábamos muertos en el aspecto del espíritu y no en nuestra alma (nuestra personalidad, la mente, la voluntad) o nuestro cuerpo.

Cuando Jesús vino a nosotros por medio del Espíritu Santo, se nos dio un espíritu viviente para sustituir al que estaba muerto.

Así decimos que tenemos un viejo yo dentro de nosotros que lucha contra el nuevo yo, es malinterpretar las escrituras totalmente. No hay un viejo yo. Hay un nuevo yo. Mi nueva identidad es como "hijo de Dios" (Juan 1:12 "a todos los que le recibieron, a los que creen en su nombre, les dio potestad de ser hechos hijos de Dios." Romanos 8:14-15 "Aquellos que son guiados por el Espíritu de Dios son hijos de Dios. No hemos recibido un espíritu de temor, sino un espíritu de hijos adoptivos que nos hace exclamar "Abbá (papá) o a Dios." Gálatas 3:26-4:7 habla de "nosotros, siendo sus hijos y herederos." 1 Juan 3:1 2 "Cuando veamos a Jesús vamos a ser como Él." Esa es nuestra identidad. Ya no somos pecadores. Éramos pecadores. Yo era un pecador. Pero ahora soy un hijo de Dios. Esa es mi identidad. Esa es mi identidad de por vida.

Estar "en Cristo" es identificarme 100% con Cristo a los ojos de nuestro Padre. Esto no significa que los cristianos ya no son capaces de pecar. Es acerca de quiénes somos. Cuando los creyentes pecan, van en contra de lo que son.

6. Lea Romanos 6:1-6 y aplíquelo al siguiente cuadro. ¿Qué dicen estos versículos acerca de cómo se realizó este cambio en su identidad? ¿Qué significa ser bautizado en la muerte de Cristo?

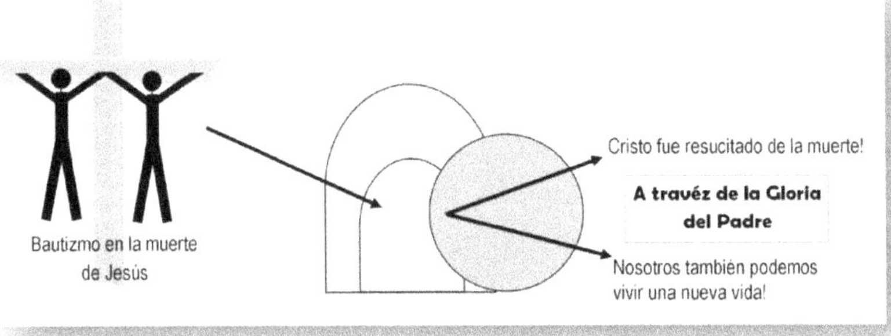

Utiliza las ayudas visuales para ampliar lo que has mencionado la semana pasada. Recuerda, la repetición es buena, porque esto es a menudo la primera vez que estos participantes han escuchado esta verdad y aún pueden estar tratando de decidir si es verdad.

7. ¿Por qué nos olvidamos continuamente la razón de que esta verdad es importante para nosotros? Leer Romanos 6:19. Relacionar este versículo con Génesis 3:4 y Juan 8:44.

Recordarles que son débiles, pero no desamparados. Los otros versos son acerca de Satanás como mentiroso.

8. ¿Todavía te es difícil creer que Dios quiere cambiarte personalmente?

Esta última pregunta es una cuestión de sentimiento, no una pregunta de un pensamiento racional. Pueden tener la creencia correcta de que Dios puede cambiarlos, pero sus emociones no están donde su mente está. Guialos a que revisen sus emociones.

Al final de esta sesión: Juntese con otra persona para orar. Comparte algo de tu viaje personal que necesita oración. A continuación, orar por la otra persona.

Nunca se salte esta actividad de cierre. Orar por los demás está ayudando a que empiecen a construir la comunidad.

Tarea: La próxima semana estaremos viendo los síntomas exteriores que son comportamientos evidentes y actitudes que provocan dolor y/o barreras con los demás. Usando el listado para descubrir síntomas, escribe una lista lo más completa que puedas de los síntomas de los cuales eres capaz. Este inventario está disponible y puedes descargarlo para ayudarte con este proceso en:

www.ChurchEquippers.com/espanol/

Esta tarea es para preparar a los participantes a mirar más profundamente en sus corazones y ver lo que Dios quiere sanar y liberar. Hasta que no sean despiadadamente honestos con ellos mismos y le pidan a Dios que realice una búsqueda intensa en sus vidas, ellos no podrán mejorar. Este inventario lo encontrarán en el sitio web arriba.

Si los participantes no tienen acceso a internet, tienes el permiso para imprimir el inventario para que lo usen.

Lee el Salmo 23. Pasa 15 minutos meditando sobre lo que significa para ti tener a Dios como tu pastor.

Esta parte de la tarea es para lograr que los participantes se acostumbren en meditar en la palabra de Dios, preparandolos para que luego puedan estar con Dios y descansar.

Sesión 4: Identificando Tus Asuntos

Sesión 4 Resultados: Los participantes serán capaces de distinguir la diferencia entre los síntomas y el problema real y donde deben ir para ser sanados.

1. Repase la tarea del inventario de síntomas. ¿Cuáles son algunos de los síntomas en su vida que estaría dispuesto a compartir con el grupo?

Toma tiempo necesario aquí, porque para algunos de los participantes se les va a hacer dificil responder. Analize por qué es así, sin emitir juicio sobre ellos.

2. ¿Cómo las personas se convierten en adictos? ¿Qué significa la adicción para alguien que no abusa de drogas o alcohol?

La adicción es una idea importante en esta lección. El resumen siguiente explica la idea de la adicción en forma más amplia para cuando usted dirija esta lección.

Si un síntoma es el producto de consolación al dolor de tu herida, el hecho de que tu herida no mejora es la clave. Le duele, pero la forma en que la conforta no hará que duela menos. Después de un tiempo comienzas a desarrollar tolerancia en como te confortas. La tolerancia significa que usted se ha acostumbrado a el de una manera que ya no cubre el dolor como lo hizo antes. Usted necesita una dosis más fuerte de lo que sea para calmar el dolor palpitante.

Esta disminución en la potencia de la tolerancia te lleva a una encrucijada Cuando—y si—usted intenta detener la dosificación

de su herida con esta actividad de confortamiento, usted sufrirá los síntomas de abstinencia, sea física, emocional o ambos. Puedes dejarlo en este momento si es que no te sigue doliendo. Pero te pones inquieto e irritable con los que te rodean. Los síntomas de abstinencia se convierten entonces en una fuerza emocional que te empujan hacia atrás para asi continuar en lo mismo. El otro camino de la encrucijada te conduce hacia una conducta donde la actividad se convierte en centro de tu vida. Tu piensas obsesivamente hasta que termina combinandose con tu personalidad y se convierte en una expresión externa de lo que ahora eres. Y te darás cuenta que tu ya no lo controlas sino que te controla a ti. Poniéndolo en palabras por una persona que ha estado allí, "lo que agarró un dedo en tu vida progresa hasta ser una fortaleza, y entonces comienza a estrangularte," La palabra que las personas utilizan para esta fase es "compulsivo". Te dices que no tienes que hacerlo, pero simplemente no puedes detenerte.

3. ¿De tus síntomas, cuáles dirías que han pasado a ser adicciones?

Esta pregunta, así como las preguntas #4 y #5, constituyen una serie para ayudar a los participantes a procesar sus adicciones. Tome su tiempo para dejarles hablar.

4. ¿Qué partes de tu vida están siendo afectadas por tus adicciones?

5. ¿Cómo esas adicciones forman tu identidad personal? (¿Tienes tu o los demás un apodo descriptivo?)

6. Revise las cuatro estrategias fallidas que las personas realizan a fin de lidiar con sus síntomas.

La represión: *intentar lograr mantenerse saludable manteniendo el problema fuera de la vista, una estrategia de auto-engaño. Decidimos que no lo miraremos más, y venceremos, haciendole caso omiso por completo.*

Los movimientos laterales*: Esta táctica de cambio viene en muchas formas diferentes, pero siempre es lo mismo-haciendo cambios externos sin una transformación interior.*

Juego de la culpa*: No importa quién, la causa de su asunto pendiente es culpa de alguien y si es que va a ser tratado de alguna manera, deseas que él tome la responsabilidad de arreglarlo.*

Conformidad exterior*: Quizás es la táctica más mal entendida, donde la gente se ve como la mayoría de los cristianos. "Solo se obediente. Siga lo que dice la Biblia y cambiaras. Someta sus asuntos pendientes y obedezca a Dios".*

¿Cual es la que tu te ves usando más a menudo para arreglar o protegerte, y por qué?

No presione a todos los participantes a responder, pueden sentirse arrinconados. La mayoría de las personas utilizan algunas o todas estas estrategias fallidas para lidiar con sus asuntos pendientes. Aquí lo importante es que entiendan que estas estrategias no los harán estar bien, no importa cuánto se empeñen en utilizarlas.

7. Hablen sobre la diferencia entre reformación (la verdad de Dios realizada en mi fuerza) y transformación (la verdad de Dios llevada a cabo a través de la fuerza del Espíritu Santo en mi).

   - ¿Cómo la diferencia entre estos dos explican las estrategias fallidas que han venido utilizando para arreglar o protegerse hasta ahora?

Estas cuatro estrategias están en este momento en la vida de los participantes. La represión es lo mismo que la negación, es el negar que algo tiene que tratarse en el alma, negando aún que es una herida incluso cuando hay síntomas en la vida de la persona que grita que hay algo que necesita ser sanado. Hacer movimientos laterales tiene que ver con la búsqueda del alivio del dolor cambiando algo en la vida de uno, amigos sea trabajo, cónyuge, la iglesia, etc. El juego de la culpa es el de señalar, a menudo con razón, que alguien ha herido a la persona. Pero el juego permite que la persona evite su responsabilidad. La conformidad exterior se encuentra a menudo en una iglesia que sigue el modelo de obediencia, donde a la gente se la educa en la reformación en lugar de transformación. Estos tipos de iglesias lamentablemente son la mayoría. En cierto sentido, este es un enfoque que para ser buenos deben modificar su conducta.

8. Buscar en Romanos 8:29. Compare su identidad personal con el carácter de Jesús. ¿Cómo se puede entender que Dios obre en tu adicción para conformarte a semejanza de Jesús?

Recuérdeles que Dios está obrando en TODAS LAS COSAS para cumplir su propósito de conformar a las personas a la semejanza de Jesús (Romanos 8:28).

9. Los síntomas siempre indican asuntos más profundos dentro de nosotros. Hablen acerca de dónde piensan que estos síntomas/adicciones están viniendo.

- ¿Cómo hablar de este tema le afecta emocionalmente?

- ¿Qué necesita aprender del Espíritu Santo sobre esto?

La cuestión clave de guiar a los participantes a través de esto es para que ellos quieran estar bien. Algunos de ellos van a estar nerviosos al hablar de sus síntomas. Ayúdales a ver la trampa en sus emociones dañadas, que el enemigo les está mintiendo acerca de sus vidas a través de estas emociones dañadas.

Hagalos conscientes de la plenitud que Dios les ha dado ya, aunque puede que no lo sepan aún. El elegir estar bien es un asunto de confianza en Dios.

10. Buscar Juan 5:1-16.

- ¿Cuál es la pregunta clave que Jesús hizo?

- ¿Por qué es importante esa pregunta?

- ¿Qué hubiera pasado si él había dicho "no"?

- ¿Que revela la respuesta del hombre en el versículo 7 sobre los sus intentos para estar bien?

- ¿Por qué crees que Jesús le hizo tomar su lecho en un día de reposo?

- ¿Cómo puedes entender la pregunta de Jesús relacionándola con tu propia necesidad de estar bien?

- ¿Dónde te encuentras personalmente para responder a la pregunta de Jesús? ¿Qué palabras reflejan tu estado actual? La esperanza. La confianza. El temor. Preguntas. Determinación. La ira. Rendirse.

Esta es la historia de un hombre que había estado enfermo durante 38 años. Ni siquiera sabemos su nombre, pero solo "38 años enfermo" es su identidad pública. Esto es lo que la gente sabía acerca de él y lo que calificaron de él. Su respuesta en el versículo 7 revela un anhelo para llegar a estar bien, pero hasta ese punto, él había dependido de su propia capacidad para entrar en la piscina. Esto es lo que muchas personas hacen; dependen de sí mismos en lugar de depender en el poder del Espíritu para transformarlos. Jesús le pidió al hombre que recogiera su lecho y confiara en Él, justo frente a un peligro inminente (la lapidación por trabajar en el sábado por llevar su lecho) para lograr estar bien. Confiar en Jesús para nuestra mejoría puede parecer algo peligroso.

11. Lee la siguiente cita y responde a estas preguntas: ¿Te cuesta creer esto acerca de Dios?

¿Cómo puede Dios responderte en este momento? ¿Está Dios disgustado con? Has sido educado para creer que otras personas son más amadas y aceptadas por Dios porque parece que tienen todo en orden? Oseas tiene que ver con Dios trayendo juicio

sobre su propio pueblo. Pero examinemos Oseas 11:1-4 Dios, habla sobre su amor por su pueblo, dice, "Mira lo que he hecho para sacar a mi pueblo de la esclavitud." y añade en 11:8-9 "Yo soy Dios y no hombre." Él está diciendo que su forma de tratar a su pueblo no sigue la forma en que los hombres se tratan los unos a los otros, señalando con el dedo y distanciando las relaciones para siempre. Dios no nos responde a nosotros como nosotros pensamos que debería o podría ser. Él nos ama incondicionalmente, de modo que incluso en nuestro propio lío, Él todavía nos ama y planea restaurarnos. Nos merecemos el juicio pero Dios no responde a nosotros de esa forma. No es como la gente. El no dice, "Así que usted puede estar con personas de mi iglesia, pero usted tiene que sentarse en la fila de atrás y mantener la boca cerrada, porque tu eres un producto dañado".

- ¿Qué tan seguro te sientes acerca del amor de Dios hacia ti?

- ¿Qué se necesitaría para que estés listo en pedirle a Dios que realice una búsqueda implacable en tu corazón para mostrarte lo que necesitas saber para estar bien?

Estas preguntas son muy personales. Puede que quieran dar la respuesta "aceptable" y digan "sí". Anime a los participantes a ser lo más honestos posible en este punto. Puede que no se sientan seguros con Dios. Puede ser que no confíen en Su reinado sobre ellos. Esto es normal, pero no es donde quieren estar al final, porque Dios es la única persona que puede curar la herida de su corazón y liberarlos de las garras del pecado adictivo.

Al final de esta sesión: Juntese con otra persona para orar. Comparte algo de tu viaje personal que necesita oración. A continuación, orar por la otra persona.

Nunca se salte esta actividad de cierre. Orar por los demás está ayudando a que empiecen a construir la comunidad.

Tarea: la próxima semana estaremos enfocados en cómo y por qué las personas están heridas. Programar el tiempo delante de Dios esta semana y haga el inventario de las heridas del corazón que se puede encontrar en:

www.ChurchEquippers.com/espanol

Este es un ejercicio muy importante para el participante, así que asegúrese de destacar que necesitan apartar un tiempo para hacerlo! Si los participantes no tienen acceso a internet, usted tiene el permiso para imprimir el inventario para su uso.

Leer Colosenses 3:1-3. Pasar 15 minutos pensando cómo su vida terrenal en el pasado contrasta con la vida que Jesús te está dando ahora. ¿Estás donde deseas estar en tu viaje de fe?

Esta parte de la tarea es para lograr que los participantes se acostumbren en meditar la palabra de Dios, preparandolos para que luego puedan estar con Dios y descansar.

Sesión 5: Dolor del Corazón

Sesión 5 Resultados: El participante profundizará en comprender la profundidad de sus propias heridas aún abiertas que continuamente influyen en sus decisiones de vida.

(Esto podría ser un estudio demasiado corto, si dejas que asi sea. Si se va a sacar el mayor provecho de este tiempo, anime a que los participantes exploran las heridas abiertas lo más extensamente posible. Esto no es para que expresen lo mal que se sienten contra los que los han herido, pero para empezar a entender por qué han tomado las decisiones que han tomado.)

1. Leer Mateo 12:34 y 15:18-19. En la Biblia el corazón es un lugar donde las emociones y los pensamientos racionales son considerados para tomar decisiones acerca de la vida.Hablen de cómo esta definición afecta tu punto de vista de las decisiones que has tomado en tu propia vida.

En estos versículos, Jesús enseña que el corazón es el lugar de donde provienen las malas acciones (síntomas). Asegúrese de hacer una distinción entre el corazón como *el lugar de las emociones* y la idea bíblica del corazón *como lugar de la voluntad donde se toman las decisiones de la vida*. Lo que Jesús está mostrando es que, para nosotros, en nuestros corazones, estamos tomando decisiones que son destructivas, incluso cuando no somos conscientes de ellas.

2. Hablen sobre las implicaciones del dibujo siguiente, a la luz de tu propia vida. Describe una decisión que has tomado que

ahora sabes que fue hecha por tus emociones dañadas anulando tu pensamiento racional.

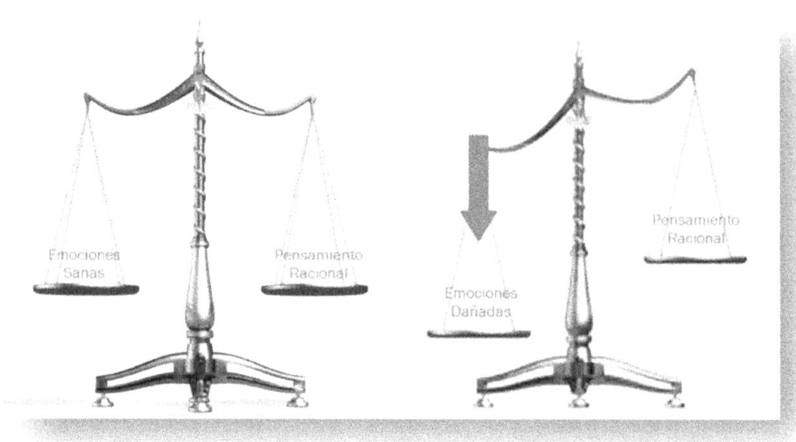

Cuando las emociones están dañadas por haber sido heridas, eso gana peso en el proceso de la toma de decisiones. Las decisiones de vida que toman las personas en las áreas donde sus emociones han sido dañados, a menudo parecen ser irracionales para aquellos que los están observando. A la persona, le parece que sus decisiones son normales y racionales. Esto se debe a que sus emociones le están mintiendo.

3. Revisar las tareas. ¿Qué descubriste en tu historial emocional?

Recuerda nuevamente que estás pidiéndoles que compartan información personal. A esta altura del proceso, se más directo en pedirles que todos hablen.

4. Hablen sobre la idea de las capas en las heridas. A veces las heridas más recordadas son las infligidas recientemente. Es útil hacer conecciones entre los síntomas o las adicciones en tu vida con el momento cuando te hirieron inicialmente. ¿Puedes ver un ciclo similar de acontecimientos dolorosos en la historia de tu vida? ¿Desde cuando puedes recordar la aparición de los síntomas?

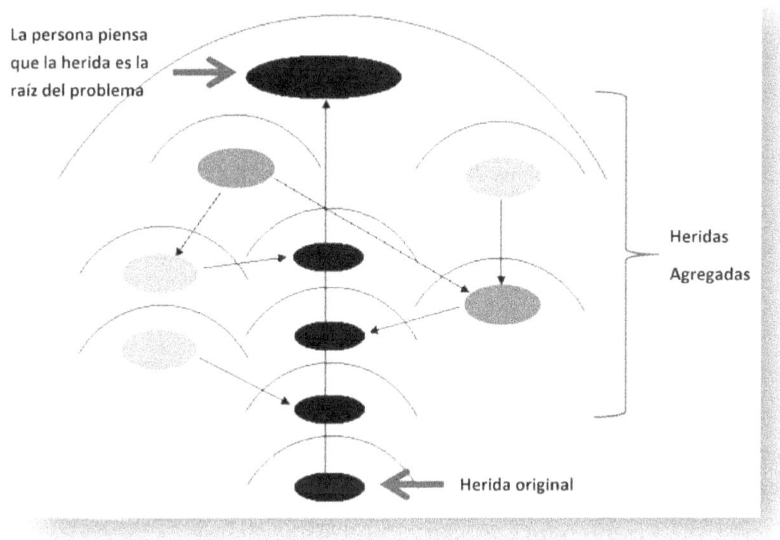

Una regla de oro para capas sobrepuestas es que, si uno puede recordar cuando los síntomas empezaron en su vida, la herida debe haber ocurrido antes de su aparición. No deje que el participante se atasque en la versión actual de la herida, aunque la persona esté realmente adolorida.

5. Leer la siguiente historia y responde a las siguientes preguntas: ¿Qué tipo de heridas crees que esta mujer tenía?

¿Cómo eligió tratar sus heridas? ¿Por qué crees que ella tomó esas decisiones?

Frank comenzó a ayudar a una mujer atrapada en una situación asombrosa. Creció en una familia segura de personas que seguían a Jesús, se casó con un joven empresario prometedor. Juntos experimentaron el éxito financiero y trajeron al mundo unos chicos lindisimos. Luego las cosas comenzaron a ir mal. Las decisiones incorrectas de negocio del marido lo llevó a la prisión por mucho tiempo. Sus bienes fueron confiscados para pagar a los acreedores. Ella de repente se quedó sin dinero para vivir y sin habilidades para trabajar.

Todos estos eventos, el encarcelamiento de su marido y el no poder vivir juntos, además de la vergüenza de una situación dolorosa y tener que afrontar el futuro sola y sin preparacion, fueron grandes heridas.

Frank la contrató en su empresa y le ayudó a ganar los ingresos que necesitaba para vivir. Pero para el asombro horrorizado de todos los que observaban, ella comenzó a tener una relación sexual con un hombre casado que trabajaba allí. Frank la llevó aparte y la aconsejó sobre el daño que se estaba haciendo a sí misma y a sus hijos y cómo ella estaba traicionando a Jesús.

Nada de lo que él dijo fue escuchado. Ella fue la amante de este hombre, hasta que finalmente él se divorció de su esposa. Ella se divorció de su esposo encarcelado y se casaron. El resto de la historia está llena de tristeza también. ¿Por qué hizo esto esto? Nada en su pasado ni insinuaba que ella podría tener una vida tan sórdida como esta. Ella nunca había cruzado los límites de la decencia, había sido una hija, esposa y madre cariñosa. Ella nunca dejó de ir a la iglesia, incluso durante su aventura con este hombre.

El punto de esta historia y la pregunta de seguimiento #6 es para ayudar a que los participantes procesen sus propios problemas internos, observando primeramente a otra persona, y después pensar en lo suyo propio. Es importante que los participantes comprendan la idea de que nuestras emociones dañadas nos mienten, o mejor dicho, Satanás nos engaña a nosotros a través de nuestras emociones dañadas.

Un punto crítico no incluido en las preguntas es que aun cuando alguien puede identificar cuándo y cómo fue herido, pueden no haber entendido de qué modo las heridas le afectan. A decir, por ejemplo, que "fui herido por algo que me hicieron mis padres," no es lo mismo que comprender lo que significa la herida. De hecho, casi todas las personas pueden decir lo mismo acerca de sus padres. Parte de la búsqueda en comprender es que Dios nos revele cómo esta herida tiene importancia, no solamente saber que tengo una herida. ¿Cuál es mi pérdida a través de esta herida? Para un hombre, muchas heridas en la etapa temprana de su vida tienen que ver con asuntos de hombría (¿Cómo sé que soy un hombre?).

Para una mujer, muchas heridas en la etapa temprana de la vida se relacionan con la auto-imagen (¿Soy lo suficientemente atractiva como para ser amada y aceptada?) Por lo tanto, tenga cuidado de no dejar que los participantes se apoyen en opiniones superficiales de sus heridas. Si realmente no lo saben en este momento, anímeles a seguir explorando esto con

Dios y con la ayuda de un consejero espiritual, tal vez con usted en una sesión uno-a-uno.

6. Reflexiona un poco más en la historia anterior mediante la lectura de la siguiente declaración. A continuación, responda a estas preguntas: ¿De qué manera son un verdadero peligro para usted estas emociones dañadas? ¿Quién está detrás de lo que transmiten las mentiras de tus emociones dañadas? ¿Por qué es importante saber esto?

Diríamos que la mayoría de las personas en esta sala son bastante normales. Pero hay ciertas cosas que yo podría decir que provocarían que tus emociones dañadas salgan. En la mayoría de las áreas están bien, pero en ciertas áreas tus emociones siguen gobernando, te siguen diciendo cual es la realidad. Te puedes sentar con algunas personas que parecen normales hasta que comienzan a hablar acerca de su matrimonio o algún otro tema.

Entonces, de repente se calientan, se ponen emocionales, y se le llenan de lágrimas los ojos o estiran su mandíbula y aprietan los dientes. Y dices, "Oh ¿qué está pasando aquí, por qué están actuando de esa manera?" Bueno, en esa área de su vida fueron dañados, y el dolor de su corazón ha afectado sus emociones al punto que ya no se puede hablar racionalmente de ese tema.

Sus emociones han creado una falsa realidad. Y si te atreves a contradecir lo que están diciendo acerca de este asunto y decir que en realidad no es cierto, su ira será orientada hacia ti. ¿Por qué? Porque sus emociones dicen "esta es la realidad y si no aceptan la realidad me están mintiendo a mí". ¿Quién les miente a ellos? Tu no le mientes. Sus emociones les están mintiendo. El pecado en su corazón está utilizando sus emociones para decirles mentiras que están dirigiendo sus vidas. Y las personas toman decisiones basándose en estas cosas. Y estas decisiones los van a llevar a algún lugar. Los puede llevar a la destrucción. ¿Crees que las heridas de tu corazón que te acuerdas fueron infligidas deliberadamente, accidentalmente, o inadvertidamente?

- ¿Por qué crees que la(s) persona(s) te hirio/eron?
- ¿Te hicieron "sentir" que la herida fue tu culpa?
- ¿Cómo es que la(s) acciones de esa/s persona(s) afectaron tu habilidad de recibir el amor de él o ella?

7. En la mayoría de las veces las personas suelen tratar de manejar sus heridas internamente. En el proceso, desarrollan una conversación interna (ejemplos: Lo hicistes de nuevo… Me rindo…Eres tan estúpido…Soy mejor que ese idiota…Tengo que usar/mirar/comer…Me siento tan sola…No le importo a nadie).

- ¿Cuál es la naturaleza de tu conversación interna? y ¿qué revela esto de cómo te entiendes a ti mismo/a en este momento?
- Cuales de estas cosas han surgido en tu vida, por haber sido herido: 1) la negación de que lo sucedido te afectó; 2) un sentido de pérdida y victimismo; 3) La creencia de que eres incapaz de hacer algo para poder sobrellevar eso; 4) La determinación de demostrar tu valía.

No todo el mundo es consciente de su conversación interna. Tampoco se dan cuenta de que a veces también es muy vergonzoso.

8. ¿Eras cristiano/a en el momento en que recibistes las heridas que te acuerdas? Si lo eras, ¿cómo afectaron esas heridas tu relación con Dios?

Las personas que no eran cristianos en el momento de sus heridas alegaran que no sabían cómo dejar que Jesús los cure, lo cual es cierto. Afirmalos en esto.

9. Lee la siguiente declaración y responde a esta pregunta: ¿Qué piensas que tiene que suceder entre usted y Dios para poder avanzar hacia la curación?

Esto tiene que ver con ser honesto en relación a mis heridas. El objetivo es poder admitir, "Sí, tengo heridas que no he permitido que Dios las resuelve."

Esto no es una pregunta de tipo sí o no. Empujelos a responder, para poder ver si los participantes tienen una visión completa sobre este próximo paso en su camino de fe. Si percibe que hay confusión, tome el tiempo para repetir lo que ellos necesiten saber.

Al final de esta sesión: Juntese con otra persona para orar. Comparte algo de tu viaje personal que necesita oración. A continuación, orar por la otra persona.

Nunca se salte esta actividad de cierre. Orar por los demás está ayudando a que empiecen a construir la comunidad.

Tarea: La semana próxima estaremos trabajando sobre las elecciones de pecado que nos perjudican. Dedica tiempo para hacer el inventario de pecado mortal. Es muy larga y tendrá tiempo extra. Lo encontrarás en línea:

www.ChurchEquippers.com/espanol.

Esta es la parte más larga de la tarea que los participantes harán durante los 10 estudios. Es también la más difícil. Diles que tendrán que ser intencionales en tomarse el tiempo para llenar este inventario. También deben pasar el tiempo suficiente para reflexionar sobre lo que este revela en cuanto a la manera que han decidido reconfortar su dolor. Este inventario lo encontrarán en el sitio web:

www.ChurchEquippers.com/espanol

Si los participantes no tienen acceso al internet, tu tienes el permiso para imprimir el inventario para su uso.

Leer Romanos 8:15. Pasar 15 minutos pensando en las áreas de tu vida donde todavía tienes miedo. ¿Cómo es que el ser hijo de Dios te libera de esos miedos?

Esta parte de la tarea es para lograr que los participantes se acostumbren en meditar en la palabra de Dios, preparandolos para que luego puedan estar con Dios y en el descanso de Dios.

Sesión 6: El Pecado en Mi

Sesión 6 Resultados: Los participantes comprenderán que deben hacerse responsables de las elecciones de pecado que han hecho tratando de consolar el dolor del corazón sin tener que echarles la culpa a otros por la elección que hicieron. Sólo entonces el participante estara listo para poder avanzar hacia su curación.

1. ¿Qué has aprendido sobre ti mismo hasta ahora? ¿Cómo esta nueva comprensión de tí mismo te afecta emocionalmente? ¿Espiritualmente?

Una parte de esta pregunta aparece en todos los estudios siguientes. Usa la pregunta para verificar si es que los participantes están progresando personalmente, aun incluso si sienten que sólo están dando pasos muy pequeños. En este punto del proceso, todos tendrían que contestar la pregunta.

2. Lee la siguiente declaración y responde a esta pregunta: ¿Cuál es la diferencia entre confort y curación?

No fuimos creados por Dios para ser capaces de manejar el dolor en nuestras almas. Por causa de que no podemos vivir con dolor, estamos buscando un alivio a ese dolor. Esto nos lleva a tener que hacer una elección en un croce de caminos. Lo que escogemos tendrá como resultado el obtener salud o aumentar el daño. Mientras que esta no es una elección de una vez y para siempre que nunca podrá será vuelta a considerar, lamentar o revocar, las elecciones catapultan nuestras vidas hacia un destino u otro, en cada momento que vivimos. No importa cuán espiritual creas que eres o cuan buena crianza has tenido. El dolor demanda confort y nuestro trasfondo no nos impedirá que elijamos algo que nos conforte y que nos lleve a un destino de destrucción.

Hacer una elección del *pecado en mí* para consolar el dolor del corazón sólo cubre el dolor inmediato. Cuando desaparecen los efectos de esa elección, el dolor sigue ahí, eso significa que la persona tendrá que seguir eligiendo el mismo confort de pecado una y otra vez para cubrir ese dolor. Con el tiempo, la necesidad de esa elección de confort se tornara controlante y se convertirá en una fuerza adictiva en la vida de la persona. La sanación se produce cuando una persona invita a Dios a revisar lo que está causando dolor en el corazón. Cuando se cura el dolor, la elección del *pecado en mi* ya no tiene nada dónde poder aferrarse. Dígale a los participantes que necesitan la ayuda de su comunidad espiritual para tratar con las garras de la adicción que surgió de las opciones del *pecado en mí.* Y esa es la razón por qué están aquí en este grupo, para recibir ayuda y apoyo en su viaje de fe.

3. Lea Romanos 7:14-23.

    - ¿Qué es lo que Pablo revela sobre su propio viaje de ser conformado a la semejanza de Jesús?
    - ¿Cuál es la diferencia entre pecados que hacemos y el *pecado en mí*?
    - ¿Por qué crees que preferimos elegir el *pecado en mi* para ser sanados?

El pasaje de Romanos 7 es la explicación de Pablo sobre el por qué la ley o antiguo pacto, no servía para hacerlo justo (ser conformado a la semejanza de Jesús). El describe la ley como Santa, pero admite que él es profano, haciendo lo que no quiere hacer y no haciendo el bien que quiere hacer. El hace un examen interior y ve pecado dentro de él. El *pecado en mí* no son las *acciones* o *actitudes* que vemos a la gente haciendo en lo exterior, sino la *motivación* detrás de las acciones y actitudes. Las personas hacen elecciones del *pecado en mí* para confortarse a sí mismos en vez de ir a Dios para lograr una mejoría.

Preferimos el pecado para ser sanados porque todavía cargamos con los efectos de la caída, aunque ya hemos sido liberados. Dios nos ha dado todo para la vida y la piedad a través de nuestro conocimiento (experiencia personal) de Él, para que podamos escapar de la corrupción del mundo causada por los malos deseos (2 Peter 1:3-4).

4. Conversen sobre los siete pecados capitales y sus síntomas. Conecte los síntomas de los siete pecados relacionados a su historia familiar personal.

Orgullo: *"Yo soy el centro de mi mundo, así que voy a hacer lo que quiero."* Síntomas relacionados: deseos de poder y control, disensión, aislamiento, actitud defensiva, ambición egoísta, alardear, excesivamente, agresivo, excesivamente competitivo, facciones, brujería, legalismo, mentira, superioridad, ostentación, autoafirmación.

Apetito (Gula): *"Yo tengo que disfrutar."* Síntomas relacionados: apetitos, medicamentos, accesorios sexuales, alcohol, comer en exceso, gasto, juntar, adicción al trabajo, apego a las relaciones, juego de alto riesgo

Lujuria: *"Yo deseo placer sexual sin límites".* Síntomas relacionados: inmoralidad, impureza, libertinaje, pornografía, homosexualidad, serie de relaciones, incesto, bestialidad, casado pero en la caza, contacto inadecuado, bromas obscenas, mirando orgías sexuales.

Ira: *"Yo estoy ofendido y me vengare."* Síntomas relacionados: odio, discordia, rabia, calumnia, violencia, peleas, argumentos, amargura, rebelión, violación, divorcio, alberga rencor.

Avaricia: *"Yo quiero más y más."* Síntomas relacionados: acumulación, insatisfacción con los ingresos, acaparamiento, negarse a ser generosos, idolatría, juegos de azar, haciendo caso omiso a los pobres

Envidia: *"Yo merezco lo que tienen."* Síntomas relacionados: hostil, decepción, contienda, división, chismes, celos, socavando a otros, apuntando con el dedo, inferioridad.

Pereza: *"Yo no soy responsable por mí mismo."* Síntomas relacionados: no cambia decisiones, imagen pobre de sí mismo, depresión, ataques de pánico, auto sabotaje, victimismo, pereza, cambio de culpa, falta de interés educativo.

Este panorama general de todos los pecados mortales y las preguntas #5 & #6 están aquí para traer a casa la realidad de los efectos del pecado en mí. ¿Que ha sucedido en sus vidas

ahora que están descubriendo por causa de las elecciones del *pecado en mi*? Deles un empujoncito para que compartan lo que descubrieron de sus tareas. Muchas personas se sorprenden al descubrir que la elección del pecado mortal #1 con el cual han estado viviendo es diferente del que pensaban. A veces querrán cuestionar el resultado. Además, algunos no están seguros de lo que los síntomas del pecado mortal significan para ellos. Tómate el tiempo para hablar de con que, aparentemente, están luchando con este descubrimiento.

Posiblemente querrás indicarle al grupo que es mejor admitir que nos gusta el pecado que mentirnos a nosotros mismos. No llegaremos a odiar el pecado hasta que le permitamos a Dios que cambie nuestros corazones. A continuación, recuérdeles que Dios reina, que El que está en ellos y es mayor que él que está en el mundo" (1 Juan 4:4).

5. Revisar las tareas.

   - ¿Cómo se compara tu observación inicial con el inventario real?

   - ¿te sorprendió por el resultado? ¿Por qué?

   - ¿Cómo te sientes personalmente acerca de lo que has descubierto a través de este inventario?

6. Todo pecado es adictivo. Cuando tu te ves actuar en cierta forma, sabes que has hecho una decisión interna de consolarte a ti mismo fuera de Dios. Lee la siguiente declaración y responde a esta pregunta: ¿Por qué tienes que aceptar ambas como verdaderas?

Hay dos verdades que tienes que admitir sobre la adicción si es que vas a ser liberado. La primera es que la adicción es poderosa, mucho más potente que lo que tu eres. Esto no es sólo acerca de las drogas o el alcohol. Todas las adicciones son poderosas. Tu no serás capaz de detenerte a ti mismo, no importa cuánto lo intentes.

Sea cual sea tu adicción se ha apegado a tus emociones dañadas. A través de ellas, gobierna sobre tu voluntad aun cuando sus pensamientos racionales te advierten de su obra destructiva. Tu mente puede ver donde la adicción te dirige, pero tu asi llamado "libre albedrío" no responderá para rescatarte, ni aunque estés al borde de la muerte. Asi de poderosa es la adicción.

La segunda verdad es que realmente tú disfrutas de tu adicción. Son actividades de placer. No tiene sentido cristianizar nuestro dilema. Miramos pornografía porque nos gusta la sensación que tenemos al ver gente desnuda. Nos vengamos de aquellos que nos lastiman y nos encanta. Lo demostramos comiendo de más, no podemos decirle basta a la tarta! Nuestra conducta agresiva mientras conducimos está justificada y siempre sentimos que tenemos la razón. Siempre hay un mañana para encontrar trabajo, por lo que disfrutamos hoy de nuestra maratón televisiva y sin ningun sentido de culpa. ¿Y a quién no le gusta gastar dinero, incluso si tenemos que robarle a Pedro para pagarle a Pablo? Cualquiera que sea nuestra adicción, lo hacemos una y otra vez porque nos hace sentir bien de alguna manera, aunque nos está llevando a la destrucción. Mentimos sobre este punto a los demás e incluso a nosotros mismos, porque se supone que odio el pecado. Pero es tan divertido! Es este aspecto de la adicción que nos atrae todavía mientras que desesperadamente le pedimos a Jesús que nos rescate.

7. Revise las dos cosas que necesitamos que Jesús haga por nosotros. ¿Cual es la más difícil de pedirle a Él?

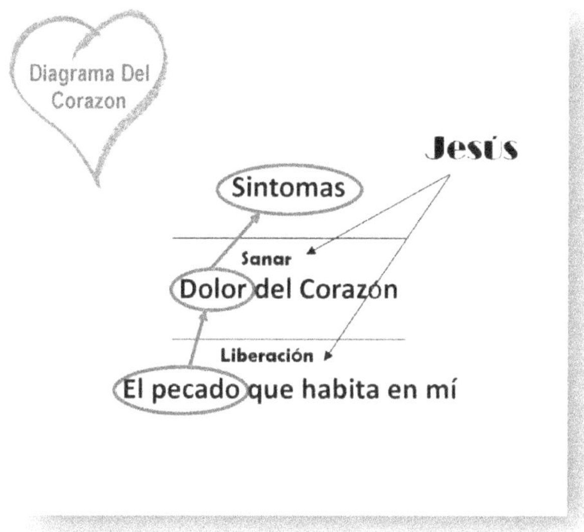

Este gráfico es acerca de la necesidad de que Jesús haga dos cosas por nosotros simultáneamente. La primera es—como el Gran Médico- nos sane el *dolor del corazón*. La segunda es—como el Rey—nos libere de la adicción del *pecado en mí.* Para muchas personas, la sanación de las heridas es mucho más difícil que la liberación del pecado adictivo, mientras nos hastiamos del pecado, estamos propensos a la auto-protección cuando se trata de nuestro dolor interno, no queremos sentirlo, y esa fue la razón por la que elegimos el *pecado en mí* desde el comienzo. La idea de que Dios sería capaz de sanar

nuestro dolor es una cuestión de confianza que pocos realmente la han logrado.

8. Calcula el costo de esta pregunta. ¿Qué es lo que realmente quieres hacer en relación a tus asuntos internos? ¿deseas realmente estar bien?

Es aquí donde llegas al punto clave de esta lección. ¿quieren realmente estar bien? Ellos pueden decir "sí", porque están en el grupo y ese "sí"se espera de ellos. Por lo tanto no pasen por arriba este punto. Es por eso que se les pide calcular el costo.

9. Lee Santiago 5:16. ¿Por qué crees que la confesión lleva a la sanación?

    - ¿Cuales son las elecciones de las cuales eres consciente que has hecho del *pecado en mi* que necesitas que Jesús te libere? ¿Estás dispuesto a confesar y arrepentirte de estas elecciones?

    - ¿Entiendes lo qué significa "arrepentimiento"?

Este es un momento crítico para el proceso! Lo que Santiago está diciendo es que la confesión es el camino para la sanación física, emocional, mental y espiritual. El arrepentimiento es un paso crítico en el proceso de la transformación. El arrepentimiento no sólo es devolvernos de la senda en que vas a la senda de Dios, sino que también se trata de que te sometas al derecho que Dios tiene de reinar sobre ti - ponerte bajo su autoridad y su poder para que te transforme. No te apures en este asunto. Toma todo el tiempo que sea necesario, deje que los participantes confiesan en alta voz y luego ora por ellos.

Este sería un buen momento para que tú también confieses si es necesario, ya que ilustrara que no hay diferencia entre tú y ellos.

10. Estudio de Gálatas 5:22-25. Este pasaje tiene que ver con el Gran Intercambio-lo que Dios nos da en lugar de los pecados mortales.

- ¿Cómo es que el fruto del Espíritu contrarresta los pecados mortales en tu vida?
- ¿Qué quiere decir Pablo con "mantengámonos al paso con el espíritu"?
- ¿Cómo mantener el paso con el espíritu trae cambios y plenitud en su vida?

El fruto del Espíritu del pasaje de Gálatas 5 es increíblemente importante para finalizar este estudio, ya que ha sido la sesión más pesada y puede considerarse como la más desalentadora. Recuérdales la esperanza de tener el Espíritu como un depósito que garantiza su salvación (Efesios 1:13-14), que significa literalmente "arras" (como en el dinero de depósito para una compra), aunque en este momento se sienten mal y confundidos, Dios va a restaurarlos a través de la potente presencia de Dios en la persona del Espíritu Santo. Él irá produciendo frutos en ellos que serán un contrapunto al pecado mortal que hasta ahora ha producido síntomas y adicciones han provocado que vivan en forma miserable en vez de la que les fue dada a través de la cruz de Cristo.

Mantener el paso con el Espíritu significa responder por fe a lo que hay que hacer en cualquier situación. Él les dará el poder para hacerlo. Si ellos no están seguros de cómo actuar o qué hacer en sus vidas, o cuando al ser movido por el Espíritu para que cambien su comportamiento, deben someterse a su liderazgo y confiar que Él puede hacerlo en ellos porque ya saben por experiencia que haciéndolo por ellos mismos, van a fallar. Esta es la manera en que el cambio y la completa sanación ocurre en el pueblo de Dios. Ilustra este punto con algo de tu vida.

Al final de esta sesión: Juntese con otra persona para orar. Comparte algo de tu viaje personal que necesita oración. A continuación, orar por la otra persona.

Nunca se salte esta actividad de cierre. Orar por los demás está ayudando a que empiecen a construir la comunidad.

Tarea: Este es un tipo distinto de asignación. Esta semana, cuando pases tiempo a solas con Dios, vas a tomar 60 segundos completos para estar callado ante el Padre. Este no es un tiempo de oración, es un tiempo para escuchar/recibir de parte de Dios. Comienza leyendo Hebreos 4:14-16. Cuando estés listo, reconoce que estás en la presencia de Dios. Díle que estás listo para recibir lo que Él tiene para ti. Estate en silencio y escucha su voz. Después de que el tiempo se termine, escribe lo que has experimentado en ese momento. Si es posible, práctica estar en su presencia de esta manera todos los días de esta semana.

Esta será probablemente la primera vez que muchos de los participantes practicarán el "Hacer" la Disciplina de

descansar ante el Padre. Estate listo para explicar las razones de esta práctica que están aprendiendo a afinar su oído para escuchar a Dios que hablara en su mente y que están aprendiendo a recibir de Dios lo que Él tiene para ellos, pues asi lo conocerán mejor. Este es el primer paso en la construcción de la intimidad con él.

Sesion 7: Intimidad a través del Descanso

Sesión 7 Resultados: El participante comenzará a buscar la intimidad con Dios pasando un tiempo con Él sin estructurar.

Antes de comenzar este estudio, busque lugares donde los participantes puedan ir y estar solos alejados entre sí durante las sesiones para encontrarse con Dios, durante esta sesión y otras que siguen.

1. ¿Qué has aprendido acerca de ti hasta ahora? ¿Cómo esta nueva auto-comprensión te afectó emocionalmente? ¿Espiritualmente?

Usa la pregunta para verificar si los participantes están progresando personalmente, aún si sienten que sólo están dando pasos muy pequeños. En este punto del proceso, todos tendrían que contestar la pregunta.

2. Lea la siguiente declaración y responda a la siguiente pregunta: ¿Por qué el dejar de intentar gestionar mi propio proceso de curación será mi responsabilidad principal que debo mejorar?

¿Por qué el buscar una relación profunda con Dios es tan importante? porque la última línea de ataque de Satanás para prevenir que mejoremos es que centremos nuestra atención en luchar para mejorar en lugar de conocer a Dios. Mientras vemos cuál es el problema, su mentira es animarnos a ir tras él haciéndonos creer erróneamente que resistiendo las opciones del pecado en mí *o aún la curación de* las heridas del corazón *es algo que nosotros debemos manejar personalmente. Esta mala*

dirección es una ilusión en mayor escala que la del mago David Copperfield. No podemos pelear el camino hacia la salud espiritual. Nunca se pudo. Nunca se podrá. Pablo registra que el punto cuando se dió cuenta de su propia debilidad de no poder cambiarse a sí mismo fue cuando la gracia prometida de Dios se hizo realidad en él (2 Corintios 12:9). Esta es la razón por la cual él se jactó en sus debilidades, porque podía ver a Dios haciendo lo que él no podía hacer por sí mismo. Esencialmente, cuando nos centramos en el problema, nos encontramos con que no nos queda nada de atención para Aquel que realmente nos libera y sana.

El tratar de manejar tu propia sanidad incluye tratar de luchar contra el pecado con tus propias fuerzas. Recuerdale a los participantes que sólo Dios puede solucionarlos. Luchando contra sus síntomas, en lugar de seguir la voluntad de Dios terminará en una derrota al final, pero cuando tienes una intimidad profunda con Dios, Él sanará las heridas del corazón y te liberará del pecado mortal que usastes para consolarte. Los síntomas desaparecerán por sí solos, porque los deseos del corazón han cambiado. Por no decir que alguno quiera continuar en pecado, o seguir con un comportamiento adictivo, mientras busca una intimidad con Dios. Esto significa que Dios mismo los capacitará y provocará que paren.

3. En una escala de 1-10, ¿cuánta culpa sientes de tu pasado? En la misma escala, ¿Cuán enojado estas de tu pasado?

    - Si no sientes culpa o enojo ¿hay alguna emoción diferente que utilizarías para describir tu vida pasada?

- ¿De qué manera estas emociones afectan tu relación con Dios?
- ¿Estás listo para mejorar? ¿Cómo es que la gente se mejora?

La culpa y la ira son comúnmente vistas como obsesiones emocionales en personas insalubres. ¿queremos aferrarnos a nuestra culpa y enojo o queremos mejorar?

4. En cada uno de las oraciones pastorales de Pablo en Efesios (1:17; 1:18-19; 3:14-19) usa la palabra que traducimos "conocer". El ora para que ellos conozcan a Dios mejor, conozcan la esperanza de las riquezas y de su poder, y conozcan el amor de Cristo. La palabra significa algo más que el conocimiento de un libro. Esto significa un conocimiento que proviene de la experiencia. ¿En qué formas has experimentado a Dios, Sus dones y Su amor en tu vida?

Asegúrate de hacer una distinción entre el conocimiento que se adquiere a través de la educación, la lectura, o la enseñanza de otra persona, con la idea bíblica del "conocer", que es algo aprendido a través de la experiencia personal. Pablo le está diciendo a sus lectores que este conocimiento está relacionado con su relación personal con Dios y sus actividades en ellos, lo que conduce a la intimidad con Dios - a una relación más profunda.

5. En la primera oración Pablo ora en Efesios 1:17 es una oración de intimidad—en la que Dios te dará el espíritu de sabiduría y revelación para conocerlo mejor." ¿Cómo es que la gente generalmente llegan a conocerse mejor?

La gente llegan a ser íntimo al estar juntos, hablando y escuchandose el uno al otro. Jugando y trabajando juntos. Esta es la misma manera que desarrollamos la intimidad con Dios.

6. Revisar las tareas. ¿Qué es lo que Hebreos 4:14-16 te dice acerca de por qué es seguro el estar con Dios?

   - ¿Qué aprendieron acerca del estar con Dios sin un programa?
   - ¿Cuando estuvistes en la presencia de Dios?
   - ¿Cuando te distes cuenta de que estabas en la presencia de Dios?
   - ¿Que es el descanso en términos de una experiencia espiritual?
   - ¿Cómo él estar ante Dios sin un programa es descanso?
   - ¿Por qué necesitas pasar tiempo ante Dios descansando?

El revisar la tarea es la preparación para el período de 20 minutos al final de la lección en la que los participantes practicarán estar en la presencia de Dios.

7. Estudie la historia de Elías en 1 Reyes 19:1-18.

   - ¿Qué le sucedió a Elías antes de que él realmente estuviera dispuesto en escuchar a Dios?
   - ¿Qué te parece lo que el viento, el terremoto y el fuego en la historia te dice acerca de cómo vemos a Dios?

En la historia de Elías, Dios lo alimenta y le permite dormir antes que Él le hable. Relacionalo al hecho de que la mayoría de la gente, cuando comienzan a practicar el estar en la presencia de Dios, con frecuencia se distraen por necesidades físicas, así como por necesidades emocionales y mentales, en las que Dios está dispuesto a satisfacer en primer lugar. A algunas personas les llevará tiempo antes de que puedan estar tranquilos ante el Señor y escuchar. El terremoto, el fuego y el viento son las imágenes de cómo pensamos a menudo que Dios nos va a hablar, con un gran evento o en forma dramática. Pero la historia de Elías nos enseña que Dios no usa extravagancias sino una forma simple de hablar a nuestras vidas.

8. Lee la siguiente declaración y responde a esta pregunta: ¿Por qué personalmente necesito estar con Dios sin un programa?

Descansar es estar con Dios sin un programa. Significa estar dispuestos a escuchar lo que Dios tiene para ti—misericordia, gracia, amor, restauración. Tu puedes orar o leer la escritura mientras estás con Él, pero el resto, es un tiempo con Él sin estructuras, permitiéndole que te guíe y te revele sus deseos. Esto es construir una relación personal con Dios.

- Aparta un tiempo.
- Encuentra un lugar fuera de tus actividades diarias y distracciones.
- Ve a algun lugar donde estés físicamente cómodo mientras estás con Dios.

- Es bueno decirle a Dios lo que quieres de Él—paz, gracia, misericordia, etc.

- Lee las Escrituras buscando a Dios que te hable.

- Analice su día con Dios y descubra su presencia durante ese día.

- Haz que el estar a solas con Dios sea una parte regular de tu vida. Esto no es un lujo. Es tan esencial como respirar y comer.

La gente necesita practicar personalmente el descanso porque tienen conocimiento acerca de Dios, pero no conocen a Dios. Al no conocer a Dios, no tendrán confianza en Él para que los guíe hacia la sanación y la integridad. ¿Qué pasa si la sanación duele? ¿Que si implica el perdonar a alguien que me hirió? Cuando uno no conoce a Dios personalmente en forma progresiva, las mentiras de Satanás parecen ser más aceptables que la verdad que Dios nos dice.

9. Un impacto importante del proceso es cambiar tu creencia acerca de Dios Padre. En Mateo 5:8, Jesús nos dice que los puros de corazón verán a Dios. "Ver a Dios" es verlo tal como Él es, en vez de la imagen que hemos proyectado de Él como resultado de nuestros temores y rebeldía. Uno de los orígenes de nuestra falsa imagen de Dios, son nuestros padres. ¿Como eran tu padre o tus padres? ¿En qué manera tu padre o padres nublan tu comprensión de Dios?

Tómate un tiempo para explorar cómo eran los padres, especialmente el padre, de cada participante. Esto es

importante porque las imágenes que tienen de sus padres probablemente es también en sus mentes, la imagen de Dios. Obviamente esto les impide "ver a Dios", como Él mismo se revela y por tanto, distorsiona su capacidad para confiar plenamente en Él. Si un participante tiene una vista particularmente negativa de sus padres, pregúntele si los padres eran "religiosos". Si es así, esto puede poner incluso más barreras entre ellos y Dios, dependiendo en cómo sus padres lo hirieron.

10. Es el momento de descansar en la presencia de Dios. Durante este tiempo, estás invitado a escuchar activamente, y a participar en las actividades mencionadas. Ahora vamos a ir a algún lugar para estar a solas con Dios y pasar 20 minutos practicando el descanso. Comience este momento con este pensamiento:

Primero: *Acercate* a Dios dentro de ti sin temor al rechazo. Esto toma humildad. Tu no tienes derecho a entrar en la presencia de Dios porque has sido bueno o malo. Tu no tienes ningún derecho propio. Pero El te está invitando.Y Él ha pagado el precio para eliminar todas las barreras entre ustedes. Es algo humillante el ir ante Dios y decir: "Aquí estoy, soy tu hijo".

Segundo: *Cree* que Él está contigo y tu con Él. Y que Él te está entregando lo que necesitas. Necesitas misericordia y compasión, confort y afecto.Tu necesitas gracia—el poder de hacer lo que Dios quiere que hagas.

Tercero: *Recibe* ternura y poder, incluso cuando sientes que mereces su juicio.

Asignación: Ve y descansa en la presencia de Dios durante 20 minutos.

Envía a los participantes a los lugares que has designado en este ejercicio para que estén a solas y lejos unos de otros. Anímalos a tener una Biblia, papel y bolígrafo en caso de que deseen escribir algo que Dios les muestre. Cuando se junten nuevamente, permiteles compartir lo que han aprendido de Dios. Estate atento por si alguno quiere acaparar la atención para mostrarse más especial. Hable con él en privado después de la clase y dejale en claro que el propósito de este ejercicio es conocer mejor a Dios (que conduce al quebrantamiento y humildad), no centrarnos en nosotros mismos. También permite que aquellos que no han sacado nada del ejercicio, también lo digan, y anímalos a que continúen descansando en Dios, con el tiempo comenzarán a experimentar Su presencia.

11. Ahora que estamos de vuelta, ¿Si es que la tuvistes, qué experimentastes con Dios? ¿Qué aprendieron acerca del descanso?

12. Cava un poco más profundo. ¿Qué le preguntaría a Dios acerca de tratar con el dolor en su corazón la próxima vez que usted descanse en su presencia?

Esperamos que todos participen en esta pregunta. Esta pregunta es para ayudar a guiar a los participantes a que hablen con Dios acerca de sus heridas en el tiempo de descanso. Lea la declaración final juntos como grupo para reforzar lo aprendido.

La declaración de clausura debe ser leída en voz alta:

- *Entiende esto, tu no vas a crecer en tu capacidad para descansar en una o dos sesiones rápidas con Dios.*
- *Estar con Dios sin un programa, en vez de ello escucharlo y recibir de Él tiene un ángulo de aprendizaje.*
- *Debes reservar un tiempo intencionalmente y alejarte de lo que te pueda distraer.*
- *Puede que lleve meses antes de que comiences a sentir que realmente estás listo para escuchar a Dios cuando estás con Él. ¿Por qué? Porque tenemos la mente ocupada. En lugar de la habilidad de escuchar en silencio, hemos cultivado un cerebro orientadas a ráfagas cortas de enfoque y multitarea.*
- *No abandones esta forma de llegar a Dios. Él ya está ahí, y listo para conocerte mejor.*
- *También te ha dado su Espíritu para que esto pueda ser real en tu vida.*
- *La práctica. Escucha. Espera. Descansa.*
- *Con en el tiempo, a medida que haces esto en forma consistente, comenzarás a tener el tipo de relación con Dios que siempre has deseado, y mucho más.*

Esto es para reforzar a los participantes, animarlos a medida que comienzan a aprender esta nueva disciplina a fin de que no dejen de buscar la intimidad con Dios, aunque parezca que no pasa nada al principio.

Al final de esta sesión: Juntese con otra persona para orar. Comparte algo de tu viaje personal que necesita oración. A continuación, orar por la otra persona.

Nunca se salte esta actividad de cierre. Orar por los demás está ayudando a que empiecen a construir la comunidad.

Tarea: La próxima semana vamos a mirar una segunda práctica que Dios nos ofrece para traer transformación en tu vida- apropiación. En preparación para esta reunión, lee los siguientes versículos (Romanos 5:10; Romanos 6:4; Gálatas 2:20; Colosenses 3:1-4) y piensa en esta pregunta: ¿Cómo puedo experimentar la realidad de que Cristo viva su vida en mí?

Los cuatro versos en esta tarea tienen una verdad importante- de que Jesús es nuestra vida. Que Jesús vive su vida en nosotros. Que su vida nos cambia. Romanos 5:10 es especialmente poderoso. Si Dios nos ha justificado (nos salvó de la pena del pecado) por la muerte de Jesús, entonces ¿cuánto más él nos salva (del poder del pecado) por la vida de Jesús? Romanos 6:4 nos dice que hemos muerto con Cristo en la cruz y fuimos sepultados con Él, para que en su resurrección también nosotros podamos vivir una nueva vida. En Gálatas 2:20, Pablo le dice a sus lectores que murió, sin embargo, vive, sin embargo, no es él mismo que vive la vida, es Jesús. Colosenses 3:1-4 contiene la idea de que Jesús es nuestra vida. Lo que todo esto significa para los participantes es la meta de la salvación no es el ser bueno para Dios en mi propia fuerza, sino descubrir cómo Jesús va a vivir su vida a través de mi. La respuesta a esto es que El lo hará por la potencia de la presencia del Espíritu en nosotros. A medida que nos rendimos y confiamos en Dios respondiendo en

obediencia a lo que Él nos dice que hagamos, descubrimos que tenemos el poder para hacerlo, quizás por la primera vez y de allí en adelante. Este es el resumen de la próxima lección. Utilice esta información resumida para prepararse.

Dedique cinco minutos al día descansando en la presencia de Dios.

Sesión 8: Intimidad por Apropiación

Sesión 8 Resultados: El participante podrá comprender que Dios ya les ha dado todo lo que se necesita para una vida piadosa y el poder para vivir esa vida. Comenzarán a practicar la disciplina de la apropiación ya realizada apoderándose de la esperanza, la riqueza y el poder que se ha dado en Cristo Jesús.

1. ¿Qué has aprendido de Dios hasta ahora? ¿Cómo te ha afectado este nuevo conocimiento emocionalmente? ¿Espiritualmente?

Por favor, ten en cuenta el cambio de enfoque de lo que el participante *ha aprendido acerca de sí mismo a aprender de Dios*. No confundas esta pregunta con el aprender acerca de Dios. Lo que quieres hacer es que ellos lo enfoquen a Él como el centro de su crecimiento y culto. Usa la pregunta para verificar si es que los participantes están progresando personalmente, aun incluso si sienten que sólo están dando pasos muy pequeños. En este punto del proceso, todos tendrían que contestar la pregunta.

2. Estudie la siguiente gráfica.

Las fases de la Salvación

Punto donde fui salvo	Recorrido de mi vida	Punto donde mi salvación sera completada
Justificación	**Santificación**	**Glorificación**
Fui salvo de la pena pecado	Estoy siendo salvo de del poder del pecado	Seré salvo de la presencia del pecado en la muerte o en el retorno de Jesucristo
Romanos 3:23-24 Galatas 3:24	1 Tesalonicenses 5:23 Romanos 15:16	Romanos 8:30 Filipenses 3:21

- ¿Dónde en este momento te encuentras en el proceso de salvación?

- ¿Qué te dice eso d ttu viaje de fe?

Incluir la pregunta #3 (la revisión de la tarea) en esta charla. Esto se trata de teología práctica. Ellos están viviendo la vida entre la salvación pasada y la futura, que es donde Dios está en el proceso salvarlos del poder del pecado. Ellos pueden sentir que hay un largo camino por recorrer, pero recuerdarles que la salvación es la obra de Dios confirmada por la presencia del Espíritu Santo en sus vidas. Mientras lo siguen Él los irá transformando, sin tener que tener que estar lamentándose de sus fracasos o tratando de hacer lo mejor.

3. Tarea de revisión. ¿Cómo entiendes el experimentar la realidad de Cristo viviendo en tu vida? ¿Cómo se aplica esta verdad bíblica a tu camino de fe?

4. Busca Juan 1:33, 14:25-26; Efesios 1:13; Hechos 1:8; 2:38; Romanos 8:9-11; 2 Corintios 3:17-19 y responde a la siguiente pregunta: ¿Cómo afecta el hecho de que Jesús viva su vida en nosotros cuando recibimos el Espíritu, quien cambia las reglas de juego?

   - ¿Cómo es que recibiendo el Espíritu explica la diferencia entre reformar su carácter a ser transformado a la imagen de Jesús?

No importa el trasfondoque tengan las personas que toman este estudio (sea Carismático o no), la mayoría están confundidos acerca de la obra del Espíritu Santo en el

creyente. Para los no—Carismáticos, la obra del Espíritu puede ser tan pequeña como el ser la tercera persona de la Trinidad, puede que tengan alguna idea acerca de su trabajo de manifestar el pecado, actuando comola conciencia, o su trabajo de revelarnos a Dios. El Carismático, puede pensar en la obra del Espíritu Santo como manifestaciones sobrenaturales tales como la curación y el hablar en lenguas. Tu los debes llevar más lejos que eso, a un entendimiento más profundo, dy es les ha sido dado el Espíritu que les fue como pago inicial de su vida en el Reino, y que ahora, en este miso momento están viviendo en el reino de Jesús (no sólo algún día o después que vayan al cielo) y que Él está allí como la misma presencia poderosa de Dios para transformar sus vidas

5. En Hebreos 4:16, el autor hace una distinción entr erecibir misericordia y obtener la gracia de Dios

    - ¿Cómo se diferencian estos dos regalos de Dios (misericordia y gracia)?
    - ¿De qué manera la gracia se relaciona con la presencia del Espíritu Santo en ti?
    - Busque Romanos 8:29 otra vez. ¿Que hace la gracia por ti que tu no puedes hacer por tí mismo?
    - Busca 1 Juan 1:9 y ve lo que Dios está haciendo cuando da misericordia y cuando Él aplica la gracia.

La distinción que el escritor de Hebreos hace entre la misericordia y la gracia es crítica para el participante. La misericordia intencionalmente se refiere al perdón y la

aceptación por parte de Dios. Es una idea de pacto que se encuentra en el corazón del pacto que tenemos con Dios. Los pactos se basan en la idea de que una relación de vida o muerte irrompible se ha forjado entre nosotros y Dios a través del sacrificio de la sangre de Jesús en la cruz. Dios nunca falla en mantener su parte del pacto, pero nosotros sí. Clamar por misericordia hace referencia al aspecto central del pacto, que en hebreo se llama *hesed.* Esto significa pacto de amor o lealtad. Clamar por por misericordia es el requerimiento de Dios para restaurar nuestra relación quebrada con Él, sobre la base del pacto que hizo con nosotros. La gracia es diferente. Es la presencia poderosa de Dios en nosotros para hacer por nosotros lo que no podemos hacer por nosotros mismos. Esta presencia poderosa es la persona del Espíritu Santo. Lo que esto significa es que Dios no sólo nos da poder para ser obedientes, Él nos faculta para cambiar nuestros deseos, para no querer ser desobedientes, y en vez de ello tener hambre y sed de justicia, lo que significa que queremos que nuestras vidas se alinien con el carácter de Jesús. 1 Juan 1:9 ilustra las dos cosas que Dios hace. Si confesamos nuestros pecados, él es fiel y justo para perdonar (piedad) y nos limpia de toda maldad (la gracia).

6. Lee la siguiente declaración y responde a la pregunta: ¿Has sentido como que hay algo que necesitas de Dios para que seas salvo de la fuerza del pecado, alguna cosa que todavía no te fue dada?

Note la progresión aquí. Tito 2:11-14: "Porque la gracia de Dios se ha manifestado para salvación a todos los hombres enseñándonos que, renunciando a la impiedad y a los deseos mundanos, vivamos en este siglo sobria, justa y piadosamente, aguardando la esperanza bienaventurada y la manifestación gloriosa de nuestro gran Dios y Salvador Jesucristo, quien se dio a sí mismo por nosotros para redimirnos de toda iniquidad y purificar para sí un pueblo propio, celoso de buenas obras."

¿Qué es lo que nos está pasando ? Estamos siendo salvos. ¿Cuál es el poder subyacente para eso? El poder para nuestra salvación del poder del pecado, es la gracia de Dios "que trae salvación y nos enseña a decir: "No" Lo que tienes que ver es que ya tienes todo lo que necesitas de Dios para hacerte santo. No estás a la espera de algo. Tu no tienes que orar por ello. Tu no tienes que envejecer en el Señor para tenerlo.No es que es que tienes que leer más la Biblia o algo por el estilo. Tampoco tienes que esperar a que alguien venga y ponga las manos sobre ti. Dios ya te lo ha dado. El asunto es que debemos apropiarnos o apoderarnos de lo que Dios ya nos ha dado.

Hacemos de esto algo demasiado difícil. Empezamos en este punto a considerar nuestro propio rendimiento y decimos que debemos dejar de hacer esto y empezar a hacer aquello. Mira, no se trata de rendimiento. Si hay una cosa que tengo que aprender en el proceso de apropiación es que tengo que descansar. Tengo que parar de intentar ser bueno por mi propia fuerza. No puedo vencer lo que está mal en mi. Tampoco se puede vencer, centrándome en ello. Presta atención a eso. No pueden vencer tus síntomas, ni tus adicciones, ni tus problemas, conpor el solo hecho de enfocarte en ellos. A veces, los consejeros y los maestros cristianos concentran tanto a la genteo en lo que está maleque se sienten agitados constantemente. Siempre están golpeándose a sí mismos. Siempre están preocupados por lo que no pueden vencer y nunca reposan. Y el reposo tiene que ver con el centrar tu intimidad en Dios. Cuando tengo intimidad con Dios lo que me está agitando va a desaparecer por Su presencia en mi vida.

- ¿Por qué esta última pregunta es importante?

Los creyentes a menudo oran a Dios para pedirle algo que ya tienen. Recuerdale a los participantes que Satanás les miente a través de sus emociones (sentimientos), sugiriendoles que Dios les está reteniendo la ayuda, cuando Él ya les ha dado todo lo que necesitan para la vida y la piedad.

7. La segunda oración que Pablo ora en Efesios 1:18-19 es una oración de discernimiento. Él está orando para que sus lectores entiendan por la experiencia, tres cosas que les han sido dadas por Dios como resultado de poner su fe en Jesús. ¿Que esperanza, riqueza y poder se te ha dado de acuerdo a este pasaje?

   - Comparar estos versos con Efesios 1:3 y 2 Pedro 1:3-4. ¿De qué manera te ha equipado Dios para salvarte del poder del pecado? ¿Qué tienes que hacer en lugar de pecar?

   - Cuando tu eres tentado o estás bajo un ataque espiritual, ¿es necesario pedirle a Dios que te de algo más de lo de lo que Él ya te ha dad?

   - ¿Qué significa para ti "apropiarte"?

   - ¿Alguna vez se te ha negado algo que era tuyo?

- ¿Cómo diferencias tu camino de fe y el ser conformado a la semejanza de Jesús?

La esperanza es el fin predeterminado que Dios ya tiene para el creyente, que sea conformado a la imagen de su Hijo. Las riquezas son todos los atributos espirituales que Él está dando los que creen. (Puede hacer referencia a Efesios 1:3 y 2 Pedro 1:3-4 para una visión más clara). El poder es cómo Él está logrando esto en nuestras vidas. En lugar de tener que pecar, nos escapamos por su poder.

La apropiación es a menudo un concepto desconocido para los creyentes. Lo que significa es que estamos apoderandonos de lo que ya tenemos y lo usamos por la fe. Así es como hemos de vivir cada minuto como hijos de Dios .

8. Busque Gálatas 5:22-25. ¿Qué es lo que Dios nos da como intercambio por la vida de la carne?

    - ¿Cómo puede alguien mantener el paso con el Espíritu? ¿Por qué es importante que lo haga?

Mantener el paso con el Espíritu significa aprender a afinar su oído a lo que Él está diciendo de las decisiones de vida que enfrentas y la confianza que Él te dará el poder para obedecer a medida que avanzas.

9. Lee la siguiente declaración y responde a esta pregunta: ¿De qué manera difiere la transformación de cualquier curso de superación personal que tomes?

No sólo te estás convirtiendo en una mejor persona, sino que el Espíritu está desarrollando en ti los atributos de Cristo como tu carácter principal.

En un mundo lleno de libros cristianos de autoayuda, hay una diferencia que radica en estar con Dios o en tratar de ser o hacerlo tu mismo para Dios. La transformación exige una lección continua de humildad y entrega permitiendo que Dios haga en nosotros lo que no podemos hacer por nosotros mismos.

10. Profundiza un poco más. ¿De qué problema eres conscient een este momento enttu camino de fe donde necesitas ejercer la apropiación?

Presiona a los participantes en esta y en las siguientes dos preguntas. Ellos revelarán hasta qué punto su pensamiento se ha desarrollado (mente renovada!) En materia de fe y crecimiento.

11. Lee la siguiente declaración y responda a esta pregunta: ¿Cuál crees que será tu mayor desafío para darte cuenta de la necesidad de apropiación?

Miles de Stanford escribió hace años, "Con el fin de apropiar algo en nuestro caminar diario en Cristo, hay dos elementos esenciales: ver lo que ya es nuestro en Cristo y ser conscientes de nuestra necesidad de ello." Veo quedloque está aguantando a tanta gente el poder experimentar la libertad de los asuntos pendientes es nuestra incapacidad de admitir nuestra necesidad, antes que la falta de suministro. Es nuestra decisión e levitar el ser auto-conscientes que nos dejará sin esperanza y abiertos a las mentiras del enemigo que el pecado en mí es nuestro único consuelo.

12. Busque 2 Corintios 2:11: Satanás tiene un plan para destruirte, y hay uno de ellos del que tal vez no eres consciente. ¿Si eso que esta muriendo te atrae hacia la muerte y aquello que vive te atrae a la vida, ¿te das cuenta de lo que estás apropiando?

    - ¿Qué es lo que tienes que hacer para cambiar esto si es que no te has dado cuenta?

Al final de esta sesión: Juntese con otra persona para orar. Comparte algo de tu viaje personal que necesita oración. A continuación, orar por la otra persona.

Nunca se salte esta actividad de cierre. Orar por los demás está ayudando a que empiecen a construir la comunidad.

Tarea: La próxima semana vamos a ver una tercera práctica que Dios ofrece para transformar tu vida,--la meditación en el amor de Dios. Tómate el tiempo esta semana para apartarte de todas las distracciones de la vida. En quietud, enfoca tu mente en lo mucho que Dios te ama.

Esta es la aplicación de Efesios 3:14-20. Anímales a centrarse en la profundidad del amor de Dios hacia ellos en lugar de centrarse en por qué Dios *debe* amarlos. Este segundo tipo de enfoque los abre a las mentiras del enemigo, cambiando sus pensamientos de la grandeza del amor de Dios a su propia depravación. Dios los ama porque la naturaleza de su amor (ágape) se basa en su voluntad y no en lo que valemos. Alejalos de tratar de ensimismarse.

Pasar cinco minutos al día descansando en la presencia de Dios.

Esta semana, cuando sienta la fuerza de las opciones del pecado en mí, apropiase de la provisión de Dios para ti. Anotar los resultados.

Como líder, usted tendrá que llevar una caja de 3 5/8 x 6 ½ pulgadas, sobres blancos y una pequeña hoja de papel para cada participante para hacer el ejercicio del sobre incluido en la siguiente lección.

Sesión: 9 Intimidad a Través de la Meditación en el Amor de Dios

Sesión 9 Resultado: El participante aprenderá a buscar una mayor intimidad con Dios, aprendiendo a pasar tiempo meditando en Su amor por ellos y por las personas que los han herido. Ellos comenzarán a ver la seguridad que el amor de Dios les ofrece, llegando a la conclusión de que nada de lo que hagan hará que los ame más o menos.

Recordar - Llevar una caja sobres de 3 ⅝", y algunas hojas de papel pequeñas, para el ejercicio del sobre en esta lección.

1. Revise las tareas a la luz de la pregunta: ¿Qué ha aprendido de Dios hasta el momento? ¿Cómo este nuevo conocimiento lo afectó emocionalmente? ¿Espiritualmente?

Durante este tiempo, los participantes van a practicar la meditación en el amor de Dios. Anímales a pensar ahora en cómo la búsqueda de conocer el amor sin límites de Dios va a cambiar sus propias vidas. El objetivo se centra en aprender de Dios. Asegúrese de que ellos tienen en claro que esta pregunta no es para aprender acerca de Dios. Usa la pregunta para verificar si es que los participantes están progresando personalmente, aun incluso si sienten que sólo están dando pasos muy pequeños. Todos tendrían que contestar la pregunta.

2. Buscar Colosenses 1:6-14. Según estos versículos, ¿qué has ganado al ser rescatado por Dios? También según estos versículos, ¿qué puedes esperar que suceda en tu vida como

resultado de que Dios te llene con el conocimiento de Su voluntad?

- ¿Con qué frecuencia te sientes desanimado acerca de dónde estás en su camino de fe en relación a lo que estos versículos afirman?
- ¿Cuán asegurado tu te sientes de que estás con Dios en tu camino de fe?
- ¿Por qué importa cuán asegurado tu te sientes de que estás con Dios en tu camino de fe?

Estas preguntas son para abrirlos a la idea de que asirse del amor de Dios es una manera de saber que están seguros, es decir, salvos con Dios. Ellos necesitan esto si es que van a confiar en Él y Su presencia en sus vidas cuando la tentación venga y especialmente cuando no puedan resistir el pecado. ¿Continuará Dios aferrándose a ellos, aceptandolos nuevamente, o hay un punto donde su fracaso es simplemente demasiado grande para que Dios los pueda perdonar? La respuesta a todo esto es "No", debido a la naturaleza de su amor, que es la base de la seguridad de ellos.

El resultado de ser llenos del conocimiento de su voluntad es la capacidad de vivir una vida digna, como lo amplian los versículos 10-12.

Ejercicio de sobres

(Nota: este ejercicio sólo aparece en la Guía con el fin de que los participantes pueden obtener el máximo impacto).

Déle a cada participante 4 sobres y 1 hoja de papel y lea estas instrucciones. Asigne a alguien para que lea cada pasaje de las Escritura en voz alta.

1. **Tome cuatro sobres y una hoja de papel. Escriba "Jesús" en el pedazo de papel. Escriba su nombre en un sobre, "Jesucristo" en el segundo sobre, "El Padre" en el tercer sobre y "El Espíritu Santo" en el último sobre.**

2. **Busque 1 Juan 4:4, 15. Coloque el trozo de papel marcado "Jesús" en el sobre con su nombre en él. En el sobre, escriba debajo de su nombre "Dios en la persona de Jesús vive en mí."**

3. **Busque Efesios 2:6 y Colosenses 2:6. Doble y coloque el sobre en el interior del segundo sobre marcado "Jesucristo." Escriba "Estoy en Jesús."**

4. **Busque Juan 17:20-23. Doblar y colocar el segundo sobre el interior del tercer sobre marcado con "El Padre." Escriba "Jesús está en el Padre."**

5. **Busque Efesios 1:13. Doblar y colocar el tercer sobre en el interior del cuarto sobre marcado "El Espíritu Santo." Escribir en la solapa "Estoy sellado con el Espíritu Santo."**

- **¿Dónde estás?**
- **¿Donde esta Dios?**
- **¿Qué tan seguro estás?**

- **¿De qué manera esta ilustración de la verdad bíblica habla de las mentiras que Satanás te lanza cuando estás atascado en tu camino de fe?**

(No apresures la aplicación del "¿Dónde estás?" Y "¿Dónde está Dios?", Porque este es el ejemplo más visceral de lo que significa la salvación en relación a nuestra seguridad en Dios.)

3. Busque Hebreos 8:7-13 y Lucas 22:20. A lo largo de la Biblia, Dios se relaciona con la gente a través de pactos. En Jesús, se estableció un nuevo pacto. De acuerdo con los versículos 9-10, ¿cuál es la diferencia fundamental entre el antiguo y el nuevo pacto?

   - ¿Cuál es el resultado declarado de Dios para este pacto según el verso 12? ¿Cómo te afecta personalmente?

Si usted no está familiarizado con la idea de pacto, la idea clave es que Dios entra en una relación de vida o muerte en la base de un sacrificio de sangre y un juramento sagrado. El antiguo pacto bajo Moisés fue escrito en piedra y exigía obediencia o las maldiciones vendrían sobre los hijos de Israel (Deuteronomio 30:11-20). Bajo el nuevo pacto, establecido por la muerte de Jesús en la cruz, Dios puso Su ley en el corazón y la mente de las personas, y no en la piedra, y ya no recuerda más su pecado. ¿Que pecados? TODOS los pecados, no sólo lo que se hicieron antes de confiar en Él para la salvación. Esta es una idea muy difícil de aceptar emocionalmente. Y es también una verdad que las personas abusan cuando no están invirtiendo en su relación con Dios, arrogantemente piensan que Dios tiene que perdonarlos, no importa lo que hacen. A continuación haremos un estudio de Romanos 8.

4. Lea Romanos 8, ¿Cuál es la aplicación práctica de Pablo de ser "salvos del poder del pecado" como el efecto del nuevo pacto en los que creen. Responde a las siguientes preguntas acerca de estos versos:

Versos 1-4

- ¿Qué quiere decir Pablo en el verso 1 cuando dice "ya no hay ninguna condenación para los que están en Cristo?
- Según el versículo 3, ¿Qué cosa era la ley incapaz de hacer por nosotros? ¿Qué nos sugiere esto acerca de la razón de Dios de darnos el nuevo pacto por medio de Jesús?
- En el verso 4, ¿que está haciendo Dios con nosotros que hemos recibido el Espíritu de vida?
- ¿De qué manera la vida en el espíritu reemplaza la vida en la carne?

Versos 1-4: Estos versos son una conclusión del capítulo anterior, donde Pablo está revelando que el antiguo pacto no lo hizo santo, aunque sabía que la ley en sí era santa. Era sólo que había pecado en él. "No hay condenación" es una idea del nuevo pacto. Dios sabe que nunca llegaremos a ser santos por nuestros propios esfuerzos y que fallaremos continuamente. Así que tenemos que saber que el punto de partida de la transformación es que nada de lo que hacemos hará que Dios nos expulse de la relación de pacto. Pero hay más. Dios tiene la intención de hacernos santos por la obra del Espíritu, que es la señal de nuevo pacto (A diferencia de la circuncisión en el antiguo pacto, no debe confundirse y pensar que el bautismo

es la señal del pacto. Es un símbolo del bautismo del Espíritu.) Además, no cometa el error de pensar que Pablo está hablando de dos tipos diferentes de cristianos, los que son espirituales y los que son de la carne. Vivir por el Espíritu indica que uno es un creyente y ha recibido la señal del pacto (véase el verso 10). Viviendo en la carne indica que la persona está fuera del pacto. El Espíritu hace posible vivir la vida porque Él es la presencia poderosa de Dios en nuestra vida.

Versos 15-16

- ¿De qué teníamos miedo cuando éramos esclavos del temor (véase Efesios 2:1-3)?
- ¿Cómo el Espíritu ha cambiado nuestra relación con Dios?

Versos 15-16: Teníamos miedo de Dios mismo cuando estábamos fuera del pacto. Lo mereciamos e íbamos a recibir la ira con toda la razón. Ser incluidos en el pacto por el Espíritu nos cambiado de ser gente que merecía la ira a ser hijos de Dios.

Versos 28-30

- ¿Qué "todas las cosas" donde Dios está trabajando para bien incluyen tu vida?
- Por qué no hay nada que usted ha hecho o va a hacer en su vida que esté excluido de esta obra de Dios?

Versos 28-30: Todas las cosas incluyen las experiencias que has tenido en la vida, buenas y malas, felices y dolorosas. Dios está usando todo esto para restituirnos al ser creado que

estaba destinado a estar en el jardín. Todas estas cosas están siendo utilizadas para conformarnos a la semejanza de Cristo.

Versos 31-39

- Según los versículos 33-34, ¿Cuando te sientes como un fracaso en tu camino de fe o tienes un sentimiento interno condenandote, ¿De dónde vienen estos pensamientos?
- ¿Cómo Dios responde a estas acusaciones?
- ¿Por qué no hay nada que jamás podrá cambiar cuánto Dios te ama?
- ¿Cuán seguro tu estas en el amor de Dios?

Versículos 31-39: Recuerdele a los participantes que no importa cuán malos y desordenados sean, tienen que aceptar que están viviendo bajo el amor incondicional de Dios y no hay nada que pueda hacer al respecto.

5. Lee la siguiente declaración y responde a esta pregunta: ¿Cuál es la diferencia entre sentirse seguro en el amor de Dios en vez de cuan seguro tendrías que estar en el amor de Dios?

"El amor de Dios es más estable de lo que el amor humano pueda ser. Amor humano tiene sus momentos puros y el amor paterno en especial, pueden a veces expresar una semejanza con Dios en su gran firmeza. Pero cuán sólido parezca ser, el amor humano siempre es presa del egoísmo y distracciones engendrados por fijaciones...no es así con el amor de Dios. Dios va a amarnos independientemente de quiénes somos o de lo que hacemos. Esto no significa que Dios es como un padre humano permisivo que

pone excusas e ignora las consecuencias del comportamiento de los niños. En el amor Dios constantemente respetuoso, las consecuencias de nuestras acciones son muy reales, y pueden ser horribles, y nosotros somos responsables. Incluso somos responsables de las conductas compulsivas de nuestras adicciones. La libertad que Dios nos ha dado, tiene un doble filo. Por una parte, significa el amor de Dios y el empoderamiento están siempre con nosotros. Por otra parte, significa que no hay manera escapar de la verdad de nuestras elecciones. Pero incluso cuando nuestras elecciones son destructivas y sus consecuencias son perjudiciales, el amor de Dios permanece inquebrantable." Gerald Mayo en "Adicción y Gracia"

Tenga en cuenta que no pueden depender en sus emociones (sentimientos) para decirles lo que es verdadero y real acerca de su relación con Dios.

6. La tercera oración que Pablo ora en Efesios 3:14-19 es una oración transformacional. Tiene dos partes, ambas apuntando hacia el poder de Dios. La primera parte (versículos 16-17) se enfoca en la continua labor de empoderamiento del Espíritu a fin de que Cristo no sólo viva en tu corazón, sino que lo remodela continuamente como su propio lugar (basado en el texto original). La segunda parte (versos 17-19) habla acerca de cómo, estando seguros en el amor de Dios, necesitas entender cómo puedes sujetar lo mejor que puedas la completa extensión del amor de Dios, que te guiará a continuar una transformación asombrosa. La forma de profundizar el sujetar el amor de Dios es a través de la Disciplina Hacer, la meditación sobre el amor de Dios. Vamos a pasar los

próximos quince minutos meditando sobre el amor de Dios, siguiendo estas instrucciones:

- La meditación es posible cuando te alejas de todas las distracciones de la vida. En la *tranquilidad*, puedes enfocar tu mente, no *vaciarla*. Esta es la diferencia fundamental entre la meditación cristiana y la meditación mística oriental.

- Durante este tiempo, pídele a Dios que puedas aferrar *uno* de los siguientes puntos:

  1) Cuánto Dios te ama.
  2) Por que Dios elige amarte.
  3) Cuánto Dios ama a los que están heridos.

- Puedes elegir buscar uno de estos versículos para darle un contexto a la hora de meditación:

  a. Filipenses 1:6—Quien comenzó en vosotros la obra buena, la completará,

  b. 1 Juan 7-9—Dios es amor

  c. 1 Juan 3:1—Seremos llamados hijos de Dios

  d. Salmo 34:4—Dios me libero de todos los temores

  e. Romanos 8:37-39—Nada puede separarte del amor de Dios

Asignación: Ir meditar durante 15 minutos.

Asegúrese de encontrar lugares donde la gente este sola durante este tiempo antes de volver y compartir.

7. ¿Qué aprendiste durante este tiempo de meditación?

Anime a que cada persona comparta.

8. Cuanto más practicas esta Disciplina Hacer, más vas a percibir que estás seguro con Dios y Tu confianza en Él crecerá.

   - ¿Cómo cree que esta intimidad más profunda con Dios te ayudará frente a las acusaciones, las tentaciones y las mentiras del enemigo?

   - ¿Cómo cree que esta intimidad más profunda con Dios te ayudará realmente perdonar a las personas que te hirieron?

El objetivo de todas las disciplinas "Hacer" es conocer a Dios mejor y confiar más en Él a medida que avanzas en el camino de fe. Como líder, tú estás a punto de hacer la transición en los participantes a una de las verdades más profundas que necesitan, perdonar a los que los hirieron.

9. Lea Mateo 6:12, 14; Marcos 11:24-26. El perdón está en el corazón de la intimidad inquebrantable con Dios. ¿Con qué persona(s) tu necesitas confiar en Dios para darle el verdadero perdón para que asi puedas continuar profundizando en tu intimidad con Él?

   - ¿Necesitas que alguno te ayude para progresar con en el perdón?

- ¿Podemos orar por ti en este momento en que vas a apropiarte de la gracia y la paz de Dios para ser capaz de perdonar a la persona (s) que te ha herido?

Este es un momento crítico para la gente que estás liderando en este estudio! Toma el tiempo necesario para que cada participante responda. Ore por un perdón específico y su curación ocurra. Tu estás representando a Jesús en este asunto para ellos, como alguien que ha tenido que aprender el perdón también. Pon las manos sobre cada persona mientras oras y anima a otros a unirse contigo. El punto de todo esto es la curación de la herida del corazón. Curación significa que el dolor, no la memoria, de la herida es tomada por Dios, mientras nosotros confiamos en El, perdonando a la persona que nos hirió, incluso si el que hizo la herida fui yo mismo.

Al final de esta sesión: Juntese con otra persona para orar. Comparte algo de tu viaje personal que necesita oración. A continuación, orar por la otra persona.

Nunca se salte esta actividad de cierre. Orar por los demás está ayudando a que empiecen a construir la comunidad.

Tarea: La próxima semana nos estaremos preparando en nuestro camino de fe para aplicar las verdades que hemos aprendido a través de este estudio. Para estar listo en esta última lección, lea Mateo 5:3-10, que son las ocho bienaventuranzas que Jesús enseñó en el comienzo de lo que llamamos el Sermón de la Montaña. Prepárese para hablar de la bienaventuranza que le resulta más desafiante.

La transformación es una experiencia progresiva. Estamos en el camino de ser salvos del poder del pecado de toda la vida después de haber puesto nuestra fe en Jesús siendo sido salvos de la pena del pecado. Esta última tarea asignada les pide descubrir el proceso que Jesús reveló en las Bienaventuranzas. La naturaleza exacta de esta progresión será parte del último estudio.

Pase cinco minutos al día descansando en la presencia de Dios.

Esta semana, cuando sienta la atracción de las opciones del pecado en mí, apropia la provisión de Dios para ti. Anota los resultados.

Pasar diez minutos esta semana meditando sobre el amor de Dios.

Sesion 10: Continuando Tu Viaje de Fe

Sesión 10 Resultado: El participante determinará lo que pretende hacer con lo que Dios le ha mostrado acerca de su camino de fe por este estudio. El participante podrá: 1) decidir hacer este estudio nuevamente, 2) Sentirse listo para avanzar junto con los demás, o 3) buscar un mentor espiritual para hacerle frente a los problemas profundos que se han revelado en su vida.

1. Busque 1 Corintios 2: 10-16 y responda a la siguiente pregunta: ¿Por qué Dios nos ha dado su Espíritu?

   - ¿De qué manera esta verdad se conecta con mantener el paso con el Espíritu (Gálatas 5:25)?
   - ¿Cuan lejos he llegado en aprender a confiar en la obra del Espíritu Santo en mí vida?
   - Se necesita tiempo para poder profundizar tu intimidad con Dios hasta el punto en que confíes en Él lo suficiente como para permitirle que trate con los asuntos pendientes en su vida. Entonces, ¿cómo vas a tratar el desaliento cuando venga y el cambio es lento, cuando la tentación todavía parece poseerte a ti y a tus pensamientos, durante estas primeras etapas de la búsqueda de Dios?

Este pasaje nos dice que el Espíritu nos revela la sabiduría de Dios- la mente de Cristo, para que sepamos lo que Él nos ha dado y lo que va a hacer con nuestras vidas. Anime a los participantes a "decidir de antemano" cómo cada uno de ellos elegirá qué hacer en momentos de desánimo, porque si

esperan hasta el último momento, serán mucho más susceptibles a las mentiras del enemigo. Elegir confiar mientras estás en los pasos con el Espíritu te dará un plan de juego para los momentos cuando parezca que Dios está remotamente lejos de ti, (que nunca es asi).

2. Lea esta historia y responda a la siguiente pregunta: ¿Por qué he utilizado otras personas o actividades para sentirme mejor?

Hannah Whitall Smith, autor de "Secreto del Cristiano con una vida feliz," dice que cuando ella era una joven esposa y madre, llegó a un lugar donde no podía más con las heridas acumuladas y las crisis de su vida. Lloraba mucho y estaba muy deprimida. Finalmente, decidió que iba a ir y compartir su carga con una mujer que conocía que era de más edad y piadosa . Ella hizo la cita y en ese día y derramó su alma a esa mujer. Su amiga escuchó en silencio y después de una larga pausa, dijo: "Bueno, después de todo, ***hay*** *Dios." Pensando que la mujer no había entendido, Hannah comenzó nuevamente con una lista completa de todo lo que estaba mal en su mundo. Una vez más, la mujer dijo pensativamente, "Después de todo, hay Dios." Hannah preguntó si esto era todo. Habiendo sido dicho todo, ella se enojó y se fue a casa molesta. No vio lo bueno que este consejo podría ser--más allá, ella no entendió realmente cuál fue el consejo. Ella reflexiono en el carácter de esta señora, y se puso a orar por el consejo. Y descubrió por sí misma que esa frase era la respuesta, que toda la otra sabiduría y consejos que había pensado para resolver sus asuntos habían sido inadecuados. Se dio cuenta que la respuesta a sus dilemas no las iba a encontrar en cambios externos y diferentes métodos, pero en la relación con Dios.*

- ¿De qué manera la intimidad con Dios me dará una sanidad real?

El punto de la primera pregunta es que la gente tiende a apoyarse en la aprobación o el aliento de los demás para darle forma a su vida emocional cuando lo que necesitan es sólo Dios. Cuando a Hannah se le dijo esto, ella no lo creía porque era una idea que nunca se le había revelado. Así que se enojó con la mujer por entrar en su depresión con ella o tratar de rescatarla de sus heridas.

- Al reflexionar de nuevo en la historia del hombre que había estado enfermo durante 38 años que Jesús encontró junto a la fuente de Betesda, tomar el lecho fue la invitación de Jesús para curarse. Recoger el lecho es hacer lo que Dios te está diciendo que debes hacer en este momento. ¿Qué lecho te está diciendo Dios que debes recoger?

No se salte la pregunta del lecho! Hannah no se dio cuenta hasta que reflexiono en el poder del Espíritu, que una relación más profunda con Dios era su única esperanza.

3. Tarea de Revisión. ¿Cual es la bienaventuranza más desafiante para ti?

Recuerde que a la mayoría de la gente nunca se les ha enseñado la naturaleza progresiva de las Bienaventuranzas. Algunas de sus ideas reflejan lo que han oído de los maestros que toman otros enfoques de las Bienaventuranzas. Deje que compartan las perspectivas que tengan pero utilice esto como

una transición de hablar acerca de cómo el camino de fe continúa edificando de una bienaventuranza a la otra.

4. El orden de las Bienaventuranzas de Mateo 5:3-10 sugiere una transformación progresiva, comenzando en reconocer de que no tienes nada en ti que te hará la persona que Dios creó para ser. Esto no es algo que ocurre una sola vez, sino que es un ciclo que se repite en tu proceso de transformación. Tendrás que volver una y otra vez hasta que dejes de creer la mentira de que el *dolor del corazón* que tu bien sabes cual es, puede ser tratado por cualquier otra cosa que Dios mismo. Entonces estarás listo para permitirle humildemente que te libere del poder de las opciones del *pecado en mí*, enfocandote en la intimidad con Él. Repasen las ocho bienaventuranzas juntos y hablen de las implicaciones para tu camino de fe.

   a) **Pobres en espíritu:** *Ser humilde en mi pobreza espiritual*, que es el punto a reconocer que no tengo ni la capacidad dentro de mí ni el poder para rehacerme mi mismo para ser la persona que fui creada para ser.

   b) **Lloran**, *Afligirse correctamente* por las heridas que ha recibido de vivir en un mundo caído, sin dejar de reconocer que, a su vez, ha herido también a otros también.

   c) **Manso**: *Someterme Totalmente* al reino de Dios sobre mí para que yo pueda vivir en este mundo de la manera que Dios me había destinado a vivir.

d) **El hambre y la sed:** *Re enfocar nuestros deseos* para querer lo que Dios quiere, permitiendome a mí mismo el ser restaurado a la imagen de su Hijo.

e) **Misericordioso:** *Aumentar mi compasión* por aquellos que están heridos, incluyendo a los que me hirieron.

f) **Puro de Corazón:** *Ver a Dios claramente* hasta el punto que deje de proyectar las imágenes falsas tomadas de mis experiencias con figuras de autoridad humanas incluyendo mis padres, y dejar de creer las mentiras sobre Él debido a estas falsas imágenes.

g) **Los pacificadores:** Conformarme a Jesús que es nuestra paz, quién es el que ofrece la paz y la restauración de todos los que se han rebelado y rechazado a Dios.

h) **Perseguidos:** *Anticipando la oposición* de amigos familiares e incluso personas religiosos mientras yo estoy convirtiendome progresivamente en la persona que fui creada para ser.

- ¿Por qué cree que necesita reconocer que tu camino de fe será progresivo?

- Busque Apocalipsis 12:10. Si fallas a lo largo del camino de fe, quien será el que te acusara y tratará de utilizar tus fallas en contra tuya?

- De acuerdo a Romanos 8:31-34, ¿cuál será la actitud y la acción de Dios hacia ti?

- ¿Crees que llegará el momento en que las mentiras de Satanás ya no podrán atraerte de nuevo a un comportamiento destructivo y a desconfiar a Dios? ¿Por qué o por qué no?

Una vez más, recuérdales a los participantes que su camino de fe es progresivo, no terminará hasta que entren a la presencia de Dios. Por lo que pueden esperar hacer un bucle recorriendo estas etapas tantas veces como Dios les muestra lo que Él quiere que deben eliminar de sus vidas que no refleja el carácter de Jesús.

Apocalipsis 12:10 y Romanos 8:31-34 son la repetición de estudios anteriores, pero es bueno recordar de nuevo que Satanás es el acusador y que viven en el amor incondicional de Dios cuando se los acusa, aun si fallan. Algunos pueden pensar que van a resistir el ser atraídos por las mentiras de Satanás, pero él es más listo que ellos y sus mentiras no son 100% mentira—muchas de ellas son más de la mitad verdad—de modo que la mentira parece razonable, aun asi sigue siendo destructiva.

5. Busque 2 Samuel 11:1-14. ¿Quién es el rey David y como se lo conocía (Hechos 13:22)?

    - ¿Cuán exitoso había hecho Dios a David en su vida hasta este punto?

    - Ya que era la época del año cuando los "reyes iban a la guerra," ¿qué piensas que estaba pasando cuando David envió a su ejército, pero no fue con ellos?

- ¿Luego que él se queda en casa las decisiones que toma que sugieren acerca de su corazón?

- ¿La decisión sobre qué hacer con Urías que te dice acerca del peligro continuo de mantener secretos?

La historia de David y Betsabé es bastante familiar. Él era un hombre conforme al corazón de Dios, pero, al parecer, en este pasaje, ya sea optó por quedarse en casa en vez de ir a su trabajo o sus generales le dijeron que se quedara en casa. De cualquier manera, se entregó a las opciones *del pecado en mí.* Su decisión de matar a Urías, el esposo de Betsabé, sugiere que pensó que podría encontrar una manera de ocultar la verdad a todo el mundo-zafarse de todo lo que había hecho en vez de ser franco y enfrentar la consecuencia de su pecado. Al final las consecuencias fueron mayores por mantener su pecado en secreto. Pero Dios sabía. Este es el problema que la gente tiene que encarar, que todo lo que hacen nada esta jamás fuera de la vista de Dios y que tendrán que responder por cada acción y pensamiento.

6. Buscar 2 Crónicas 16:7-12. ¿Quien es el rey Asa, porque era conocido (2 Crónicas 15:16-19)?

   - ¿Por qué Asa estaba enojado con Dios?

   - ¿Por qué crees que acabó padeciendo dolor físico durante los últimos años de su vida?

   - ¿Qué te dice de su decisión acerca de su relación con Dios sobre el peligro de mantener internamente mentiras acerca de Dios?

La historia del rey Asa es menos conocida, pero muy poderosa porque muestra una persona amorosa, un hombre cuyo corazón está plenamente comprometido con el Señor que se vuelve orgulloso, y airado se pone en contra Dios, simplemente porque Dios es consistente con sus propios planes. Él no aprobó la decisión de Asa en actuar independientemente de Dios y Asa nunca lo perdonó. Dios no fue lastimado por esto, pero Asa si. El no perdonar a menudo termina en una enfermedad física. Recuérdales a las personas a que cuiden sus corazones, especialmente contra la mentira de nuestro verdadero enemigo que nos dice que "*Dios* es el enemigo." creyendo esta mentira siempre va a llevar a una persona a un mal lugar en la vida.

7. Lee la siguiente declaración y responde a la siguiente pregunta: ¿Qué crees que es lo te haría más vulnerables a las mentiras de Satanás?

En realidad no sabemos cómo se vería el proceso de crecimiento. A veces la gente dice, "Oh, yo estoy comprometido con Cristo no importa lo que pase". Excepto que pensábamos que todo iba a ir bien. Podríamos pensar que compromiso significa que no vamos a tener problemas. Y luego tenemos problemas y entonces nos enojamos o molestamos porque no es justo. Estamos comprometidos, por lo que creemos que el camino debe ser fácil! No tendría que haber ningún tipo de fricción.

No sé lo que podría enfrentar en el futuro. Puede ser que hayan algunas cosas muy duras por delante. Al hacer un compromiso con Dios digo que voy a confiar en él, no importa lo que me pase. Pero no sé qué me va a pasar. Cuando tengo esas situaciones difíciles me gustaría creer que todavía voy a confiar en Dios.

Podría retroceder. En ese momento podría decidirme a decir: "Dios no me importa lo que has hecho por mí en el pasado, esto que me está pasando ahora mismo es simplemente demasiado. Voy a controlarlo yo mismo porque parece como que, "Me has abandonado," o "No estás prestando atención a lo que está pasando aquí." O podría decir: "En este momento lo que me pasa es tan horrible que te odio Dios.".

La gente hace eso. Y en ese momento toman decisiones terribles en sus vidas. Es posible que los veas y digas: "¿Cómo es posible que han decidido hacer algo tan destructivo? Mira lo que Dios ya ha hecho en sus vidas! "Mira lo que Dios ha hecho en mi vida. ¿Cómo es posible que yo tenga una relación romántica secreta, o lastime a mis hijos, o maldiga a alguien, o me coma a mí mismo terminando en un hospital, o robe tiendas, o alguna otra cosa igualmente degradante y pecaminosa. No sé por qué yo elegiría hacer eso, pero tampoco sé lo que voy a enfrentar.

El compromiso total es una elección diaria. Lo que tenemos que entender es que debe haber un punto en el que elegimos confiar en el Padre-no importa qué

- ¿Por qué, entonces, tú personalmente debes tener misericordia con los que te rodean, incluso a los que tu catalogas como gente mala? ¿Cómo es la misericordia?

Esta lectura es una continuación de las dos historias anteriores para ir al punto. La pregunta de seguimiento sobre "ten misericordia de los que le rodean" es para ayudarles a ver que sus acciones y pensamientos hacia otros que están tan heridos como ellos, muestra su propia curación y crecimiento en su confianza a Dios.

8. Lea la siguiente declaración y hablen de lo que significa para ti el poder seguir adelante, construyendo intencionalmente una relación con Dios.

Debemos ser intencionales en el compromiso. Hago lo que tengo la intención de hacer. Estoy diciendo en este compromiso que no voy a ser pasivo en el proceso de crecimiento y curación, esperando que Dios me dé un coscorrón en la cabeza y me empuje fuera de mi sillón reclinable. En cambio, voy a entregarme a Jesús, y buscaré activamente tener una relación con El, que de acuerdo a Juan 1:14, es lleno de gracia (empoderamiento) y verdad (lo que fui creado para ser). El propósito de Dios es que me conforme a la semejanza de su Hijo, para que cuando hablamos de Jesús lleno de gracia y de verdad, estoy viendo lo que fui creado para ser, tal—como Jesús—lleno de gracia y de verdad.

He aprendido cuán profundamente satisfactorio es esto, mucho después de haberme sometido a Dios al principio de mi viaje. Yo siempre había sido crítico de mi esposa desde nuestro matrimonio. La veía con mi arrogancia de que no estaba a la altura de mis estándares de hacer las cosas-cómo mantener a casa, cómo criar a los hijos, etc. yo tontamente intentaba solucionarlo señalando sus fallos, pensando que con el tiempo iba a mejorar. Yo no tenía idea de lo mal que la estaba hiriendo y a su vez destruyendo nuestro matrimonio.

Un día, poco después de haber entrado al proceso de sanación con Dios, Él me mostró que tenía que dejar de criticar mi esposa. Me tambaleo, pero porque ahora quería lo que Dios quería, me sometí voluntariamente, pidiendole que Él haga esto en mí por su gracia. Un año más tarde, las cosas habían cambiado en nuestro matrimonio de tal forma que mi esposa, que escribía cada día su diario personal, escribió en su cuaderno ese día todas las razones de porque me quería como su marido. La primera declaración que ella escribió fue: "Yo amo a mi marido porque él no me critica." Vi por primera vez esta lista diecisiete años más tarde, un día cuando mi mujer estaba limpiando un cajón con sus cosas. Cuando ella me entregó la lista, quedé estupefacto por la confirmación de Dios de cambiar nuestro matrimonio cambiándome a mí años antes. Por ese único acto de obediencia, el amor en mi esposa fue reavivado.

La mayoría de las áreas de crecimiento no son las grandes, pero son las cotidianas, en el hogar, el trabajo, la escuela.

9. ¿Qué planes tienes de aquí en adelante? Analiza los siguientes pasos prácticos:

    - ¿Cómo voy a tratar de hacer mío propio lo que he aprendido durante estas sesiones?

    - ¿Dónde estoy planeando incorporar las disciplinas "Hacer" en forma regular de mi camino de fe para que yo pueda crecer en mi intimidad con Dios? ¿A quién le pediré ayuda para estar en una relación de dependencia en la etapa inicial para hacer de esto algo regular en mi vida?

    - ¿Qué aspectos de la vida de Jesús y su carácter debería estudiar para conocer lo que yo voy a ser?

- De acuerdo con 2 Pedro 1:5-9, ¿qué más debo buscar que se desarrolle en mi vida para ser productivo en mi fe? ¿Cómo hago para desarrollarlas?
- ¿Quién necesita escuchar esto-a quien pueda compartirle regularmente lo que estoy aprendiendo? ¿Cuándo voy a empezar el proceso?

Estudiar el carácter de Jesús es un aspecto importante de la transformación personal. ¿Hacia dónde nos está llevando Dios? Estas son algunas de las áreas que se pueden sugerir para que los participantes sigan. Vea:

- **La relación con su Padre**
- **Cómo trata a la gente**
- **Se veía a sí mismo como un sirviente**
- **Cómo Él le respondió a sus adversarios**
- **Su autoridad**
- **Su capacidad para humillarse**
- **Cómo manejó la fama y la alabanza**
- **Cómo manejó la tentación**

Haga que lean juntos 2 Pedro 1:5-9. Pedro habla acerca de un crecimiento personal progresivo. Estos son productos de las "disciplinas", que son la lectura de la Biblia, el estudio, la oración, la celebración, el servicio, el ayuno, la confesión, dando, reflexión y culto.

Desafíalos a que nombren a alguien que saben que necesita oír esta enseñanza y ser su mentor, y que le pregunte si lo consideraria.

10. Un último punto. Buscar 1 Pedro 5:5b-11.

- ¿Qué es lo que necesitamos sobre todo para acceder a la gracia de Dios?
- ¿Por qué necesitamos tener auto-control y prestarle atención a la actividad del enemigo?
- ¿Quién está de su lado en todo esto?

La respuesta a la primera pregunta es la humildad. Sería bueno ir de nuevo a 2 Corintios 12: 9 y volver a contarles que Pablo aprendió humildad cuando Dios se negó a quitarle la espina en la carne, en vez de eso le dijo a Pablo que su gracia era suficiente, porque el poder de Dios se perfecciona en la debilidad. Esta es una última nota importante porque estamos madurando cuando descubrimos lo débiles que somos, no cuando pensamos que estamos haciéndonos más fuertes. El pensar que nos estamos haciendo más fuertes nos lleva a confiar en nuestras propias fuerzas. El saber que somos débiles nos hace confiar en la gracia de Dios más. De lo contrario, Satanás va a encontrar una manera de destruirnos, siendo el león rugiente que él es.

Recuerde que debe orar por ellos antes de terminar esta sesión final!

Al final de esta sesión: Juntese con otra persona para orar. Comparte algo de tu viaje personal que necesita oración. A continuación, orar por la otra persona.

Nunca se salte esta actividad de cierre. Orar por los demás está ayudando a que empiecen a construir la comunidad.

Asignación permanente: Continúe practicando las disciplinas "Hacer" en la búsqueda de la intimidad con Dios y la libertad que Jesús prometió a través del Evangelio ("en la libertad con que Cristo nos hizo libres." Gálatas 5: 1). Confiese sus pecados a otros en la comunidad y sea curado.

¿Cómo este estudio te ha impactado a ti y al grupo? Sus comentarios son bienvenidos por correo electrónico a:

steve@ChurchEquippers.com

APENDICE A: COLOSENSES 1-3

Capítulo 1

V 5: Tengo esperanza guardada para mí en el cielo en Cristo Jesús.

V 11: Estoy fortalecido con todo poder de acuerdo con su gloriosa fuerza en Cristo Jesús.

V 12: estoy cualificado para compartir en la herencia del reino de Cristo Jesús.

V 13: he sido rescatado & liberado en Jesús.

V 14: Estoy redimido y perdonado en Cristo Jesús.

V 16: Yo soy su creación.

V 17: Estoy mantenido por Cristo Jesús.

V 18: Soy parte del cuerpo de Cristo.

V 19: Tengo la plenitud de Dios en Jesús.

V 20: Estoy reconciliado con Dios en Jesucristo.

V 22-23: Estoy reconciliado, santo, libre de mancha & acusación si me mantengo firme en su actuar (no la mío).

V 26: Tengo el misterio revelado en Cristo Jesús.

V 27: Tengo a Cristo en mí, la esperanza de la gloria.

V 29: Tengo la fuerza de Cristo para la lucha.

Capítulo 2

V 3: Estoy en Cristo, donde todos los tesoros de la sabiduría y del conocimiento están ocultos.

V 6: He recibido a Cristo Jesús como Señor.

V 7: Como yo vivo en El, estoy arraigado, edificado y establecido en la fe en Cristo Jesús.

V 9: Yo soy el Cristo, y en Cristo, toda la plenitud de la Deidad habita.

V 10: Tengo plenitud en Jesús.

V 11: Mi naturaleza pecaminosa ha sido cortada de mí en Cristo Jesús.

V12: He sido sepultado con él en el bautismo y resucitados con Él a través de la fe.

V 13: Estoy muerto en mis pecados, vivificado, y perdonado en Cristo Jesús.

V 14: Ya no soy gobernado por las reglas antiguas.

V15: En Cristo, los poderes y las autoridades en contra de mi vida han sido desarmados por la cruz.

V 17: Tengo realidad en Cristo Jesús.

V 20: Estoy muerto al los principios del mundo en Jesús.

Capítulo 3

V 1: Estoy resucitado con Cristo, sentado a la diestra de Dios.

V 3: Yo he muerto a este mundo, y estoy vivo, pero oculto en Cristo.

V 4: Me han prometido que me apareceré con él en la gloria.

V 9: He sacado fuera al viejo yo en Cristo.

V 10: En Jesús, soy un hombre nuevo y renovado en conocimiento.

V 12: Soy elegido, Santo, muy amado en Cristo Jesús.

V 13: Soy perdonado en Cristo Jesús.

V15: Soy miembro de un solo cuerpo en Cristo Jesús.

V 24: Soy un heredero de la recompensa de la herencia a través de Cristo Jesús.

APENDICE B: EFESIOS 1-3

Capítulo 1

V 3: Estoy bendecido con toda bendición espiritual en Cristo Jesús.

V 4: Soy elegido en Cristo Jesús.

V 5: Soy adoptado, en Cristo Jesús, conforme a su placer.

V 6: Tengo la gracia que me fue dada libremente en Cristo Jesús.

V 7: Estoy redimido en Cristo Jesús (comprado). Estoy perdonado en Cristo Jesús (para ser limpiado, liberado).

V 8: Estoy bañado por las riquezas Dios y su gracia, con toda sabiduría y entendimiento.

V 10: He sido traído bajo una sola cabeza en Cristo.

V 11: Soy elegido en Cristo Jesús. Estoy predestinado en Cristo Jesús, he sido puesto en una situación donde Dios va a salirse con la suya.

V 12: Estoy predestinado a ser la alabanza de Su gloria.

V 13: Estoy incluido en Cristo Jesús. Estoy sellado en Cristo Jesús.

V 14: Yo soy la posesión de Dios.

V 17: Tengo acceso al espíritu de sabiduría y revelación. Tengo acceso a conocer especialmente a Jesucristo, al Padre glorioso y al Espíritu Santo.

V 18: He sido llamado a una esperanza. He sido llamado para una herencia gloriosa.

V 19: Puedo conocer su gran poder.

V 22: Estoy bajo sus pies (Él me domina).

V 23: Soy una parte de su cuerpo, que es la plenitud del que lo llena todo en todos los sentidos.

Capítulo 2

V 4: Soy amado por Dios, que es rico en misericordia.

V 5: He sido vivificado con Cristo. Me he salvado en Cristo Jesús.

V 6: Estoy levantado con Cristo. Estoy sentado en el reino celestial con Él en Cristo Jesús.

V 7: Soy un objeto de las incomparables riquezas de Su gracia. Tengo la bondad de Dios en Cristo Jesús.

V 8: Yo soy salvo por gracia en Cristo Jesús como un regalo de Dios.

V 10: Soy hechura de Dios yo Cristo Jesús. Estoy creado para hacer buenas obras en Cristo Jesús.

V 13: He sido colocado cerca de Dios en Cristo Jesús.

V 14: Estoy en paz en Cristo Jesús.

V15: Soy parte de un nuevo hombre en Cristo Jesús.

V 16: Estoy reconciliado con Dios en Cristo Jesús.

V 18: Tengo acceso al Padre en un Espíritu.

V 19: Soy un ciudadano de la familia de Dios en Cristo Jesús. Yo soy un miembro de la familia de Dios en Cristo Jesús.

V 20: Estoy construido sobre una fundación con Cristo Jesús como piedra angular.

V 21: Soy un templo santo en Cristo Jesús.

V 22: Físicamente, he venido a ser la morada del Espíritu de Dios en Cristo Jesús.

Capítulo 3

V 6: Soy heredero de todas las promesas de Israel. Yo soy miembro de un cuerpo en Cristo Jesús.

V7: Yo soy partícipe de la promesa en Cristo Jesús.

V 8: Tengo acceso a las inescrutables riquezas de Cristo Jesús.

V 9: El misterio una vez escondido en Dios se hizo claro para mí en Cristo Jesús.

V 10: Su intención es dar a conocer la multiforme sabiduría de Dios a través de mí.

V 11: Él ya ha cumplido su propósito.

V 12: Soy libre para acercarme a Dios en Cristo Jesús. Estoy seguro al acercarme a Dios en Cristo Jesús.

V15: Mi nombre viene de Dios.

V 16: Me siento fortalecido mediante su Espíritu en mi ser interior (si así lo decide).

V 17: Por elección, yo soy la morada de Cristo.

V 19: Puedo conocer el amor de Cristo, que excede todo conocimiento (si lo desea). Puedo ser lleno de toda la plenitud de Dios (si lo desea).

V 20: Su poder está trabajando dentro de mí.

Para herramientas adicionales visite:

www.ChurchEquippers.com/espanol

www.ingramcontent.com/pod-product-compliance
Lightning Source LLC
LaVergne TN
LVHW010103110826
845155LV00028B/464